Corona als Chance - Mario Herger

Copyright der Originalausgabe 2020:
© Börsenmedien AG, Kulmbach
All rights reserved.

Covergestaltung: Daniela Freitag
Satz und Gestaltung: Manuel Schäfer
Lektorat: Karla Seedorf
Korrektorat: Elke Sabat
Druck: CPI books GmbH, Leck

ISBN 978-3-86470-724-7

Alle Rechte der Verbreitung, auch die des auszugsweisen Nachdrucks,
der fotomechanischen Wiedergabe und der Verwertung durch Datenbanken
oder ähnliche Einrichtungen vorbehalten.

Bibliografische Information der Deutschen Nationalbibliothek:
Die Deutsche Nationalbibliothek verzeichnet diese Publikation in der
Deutschen Nationalbibliografie; detaillierte bibliografische Daten
sind im Internet über <http://dnb.d-nb.de> abrufbar.

Postfach 1449 • 95305 Kulmbach
Tel: +49 9221 9051-0 • Fax: +49 9221 9051-4444
E-Mail: buecher@boersenmedien.de
www.plassen.de
www.facebook.com/plassenbuchverlage
www.instagram.com/plassen_buchverlage

Für Darian, Sebastian und Gabriel.

And for May Kou.

MARIO HERGER

CORONA ALS CHANCE

Was nach der Krise
anders sein wird

PLASSEN
VERLAG

Inhalt

Einleitung 9

KAPITEL 1
Vorgehensweise 23

KAPITEL 2
Umfrage 37

KAPITEL 3
Vorhersagen 41

Endnoten 109
Bildnachweis 119
Autor & Literatur 121

Einleitung

„*Die Zukunft hat viele Namen:*
Für die Schwachen ist sie das Unerreichbare;
für die Furchtsamen ist sie das Unbekannte;
für die Tapferen ist sie die Chance."
– Victor Hugo

Die Welt durchläuft aktuell mit der Coronavirus-Krise eine Schocktherapie, die eine Reihe von direkten und indirekten Auswirkungen hat und haben wird. Wie immer bei derartigen Ereignissen ändern sich Prioritäten, Verhaltensweisen und unser Verständnis vom Funktionieren der Welt in nachhaltiger Weise. Während die Covid-19-Pandemie ganz konkrete beklagenswerte Auswirkungen auf viele Menschen hat, die entweder am Virus erkranken, daran sterben oder gezwungen sind, sich in Heimisolation zu begeben, ist der Effekt auf die wirtschaftliche und finanzielle Situation von Unternehmen und Menschen bislang nur teilweise erfassbar. Ganz eindeutig ist das Wirtschaftsleben in vielen Ländern fast vollständig zum Erliegen gekommen, Schulen und Geschäfte sind geschlossen und eine große Anzahl von Menschen hat ihren Job und/oder signifikante Teile ihres Einkommens eingebüßt.

Das Spezielle an diesem Moment ist, dass sich die Ereignisse nicht auf eine überschaubare Weltregion beschränken, sondern weltweit ähnliche Maßnahmen eingeführt wurden. Ausgangsverbote, Grenzschließungen, Panikkäufe, Straßensperren oder der abrupte Stopp des Wirtschaftstreibens und damit der Wegfall von Einkommen für viele Teile der Bevölkerung sind weltweit zu beobachten. Die gesamte Menschheit macht gerade die gleichen Erfahrungen.

In dieser Studie wollen wir uns auf die Zeit nach dem Ende der Pandemie konzentrieren und Szenarien aufzeigen, wie diese Krise sich auf Politik und Gesellschaft, die Wirtschaft, Technologien und andere Bereiche nachhaltig auswirken könnte. Anhand von Daten, Signalen, Umfragen und der Anwendung von Foresight-Mindset-Methodologien aus der Zukunftsforschung werden unterschiedliche Szenarien diskutiert.

Die Ergebnisse sollen als Entscheidungsgrundlage für Politiker, Gewerbetreibende, Vordenker, Investoren, Manager und sonstige Entscheidungsträger dienen. Damit können heute Maßnahmen ergriffen werden, um sich für die Zukunft besser vorzubereiten und sie aktiv beeinflussen zu können. Dazu stellt die Studie unter anderem Fragen wie diese:

- Was wird sich ändern, was wird gleich bleiben?
- Welche Änderungen werden sich beschleunigen?
- Welche bisherigen Trends werden zum Stillstand kommen oder eine andere Richtung einschlagen?
- Was muss getan werden?

Feldversuch

Die Coronavirus-Krise lässt viele von uns bequem von der Couch daheim den wohl größten Feldversuch der Menschheitsgeschichte aus erster Hand miterleben. Oder vielmehr, eine ganze Reihe von Feldversuchen, welche die Wissenschaft noch Jahre beschäftigen wird.

Es würde mich nicht verwundern, wenn Forschungsergebnisse über die von dem Lockdown generierten Daten und Einsichten einen oder mehrere Nobelpreisträger hervorbrächten. Wir erhalten dabei Erkenntnisse zu den Auswirkungen des weltweiten Lockdowns auf ...

- die Verbreitung einer Pandemie und die Reaktionen von Ländern;
- die Verhaltensänderungen von Menschen;
- das Wirtschaftstreiben und Wirtschaftsverständnis;
- das Schulwesen;
- häusliche Gewalt;
- die Umwelt und das Klima;
- Kriminalität;
- die medizinische Forschung sowie die Praxis und Zulassung von Medikamenten;
- das Transportwesen;
- systemerhaltende Berufe und Wirtschaftsgruppen;
- digitale Dienstleistungen und digitale Transformation;
- soziale Verteilungsmechanismen wie das bedingungslose Grundeinkommen für Individuen und Bail-outs für Unternehmen;
- das soziale Gefüge, Unterschiede und (Un-)Gerechtigkeiten;
- die Bedeutung und den Wert von Kulturschaffenden und Journalismus;
- ...

Manche der aufgezählten Themen konnten bislang nicht ausreichend in Feldstudien untersucht werden und Diskussionen dazu waren vor allem theoretischer Natur. Gleichzeitig erleben wir ein Niederreißen von vorher unüberwindbar scheinenden ideologischen Schranken. Selbst die vehementesten Gegner der Einmischung des Staates in das Privat- und Wirtschaftsleben fordern nun staatliche Hilfe an. Das könnte den Weg für eine von allen Seiten weniger ideologiebelastete und mehr auf Fakten und Daten basierende Diskussion um Konzepte und Technologien ebnen.

Dauerhafte Konzepte und Technologien werden dabei nicht nur beispielsweise umweltfreundlicher, einfacher, billiger oder schneller, sondern auf längere Sicht gefühlt oder tatsächlich in wichtigen Eigenschaften besser sein müssen. Menschen ändern ihre Verhaltensweisen nicht so sehr wegen der hehren Ziele hinter einer Idee, sondern weil die neue Lösung in bestimmten, wichtigen Bereichen besser ist als die alte oder überhaupt erst neue Lösungen gefunden werden. Die Bildqualität und -auflösung der ersten kommerziell erfolgreichen Digitalkameras waren nicht besser als Analogfilm, aber sie lösten andere Probleme: Sie erlaubten, die Bilder sofort zu betrachten, so viele wie notwendig ohne weitere Kosten zu schießen und sie sofort per E-Mail mit anderen zu teilen. Teslas Elektroautos sind nicht so erfolgreich, weil sie umweltschonender sind, sondern weil sie einfach ein besseres Fahrerlebnis bieten und vollständig digital sind. Impossible Burger oder Beyond Meat sind mit ihrem Fleischersatz nicht deshalb erfolgreich, weil sie einen geringeren CO_2-Fußabdruck aufweisen, sondern weil ihre Produkte wirklich gut, ja, sogar fast besser als echtes Fleisch schmecken. Der erste Schritt ist allerdings, dass die Menschen die neue Technologie, den neuen Prozess, die neue Dienstleistung selbst ausprobieren. Ab dann findet eine völlig andere Diskussion darüber statt.

Mit der Coronavirus-Krise passiert genau das jetzt in vielen Ländern. Überraschend viele Menschen erleben zum ersten Mal Videokonferenzen, Homeoffice oder Distanzlernen. Nach einigen Anpassungsschwierigkeiten, die meistens technischer Natur sind und das Lernen eines effektiven Verhaltens erfordern, akzeptieren es und gewöhnen sich die Menschen daran und werden diese Möglichkeiten in Zukunft nicht mehr missen wollen.

„Das hat bei Corona damals auch funktioniert!" wird wohl zu einer der meistgesagten Phrasen werden, wenn Widerstände zu neuen Initiativen und Technologien vorgebracht werden. Verhinderer werden zukünftig einen schweren Stand haben, weil man sich und allen anderen bewiesen hat, dass man auch anders kann.

Historischer Kontext

Im aktiven kollektiven Gedächtnis gibt es eine Krise, die zum Umdenken und zu einer nachhaltigen Verhaltensänderung geführt hat: die Ölkrise von 1973. In kurzer Zeit hatten sich die Energiepreise vervierfacht und zu teils drastischen Maßnahmen geführt – wie Fahrverbote für Autos an bestimmten Tagen oder dem teilweisen Abschalten von Industrien. Auch wenn die monatelange Ölkrise weniger durch Energiemangel als vielmehr durch politische Drohgebärden verursacht worden war, wurden weiträumige Energiesparmaßnahmen in Gang gesetzt, die zwischen 1990 und 2015 die deutsche Energieeffizienz um 50 Prozent gesteigert haben.[1]

Die Spanische Grippe, die zwischen 1918 und 1919 in weiten Teilen des Globus grassierte und bis zu 50 Millionen Menschen dahinraffte, ist ein gutes Beispiel, wie sich Pandemien weltweit auswirken können und vor Grenzen nicht haltmachen. Historische Daten zeigen deutlich die Verbreitung von Pandemien und die Wirksamkeit von Vorkehrungsmaßnahmen. Das bekannteste Beispiel für gegensätzliche Reaktionen von Behördenvertretern ist das der beiden US-Städte St. Louis und Philadelphia.[2] Während St. Louis bereits zwei Tage nach dem ersten bekannten Grippefall eine Ausgangssperre verhängte, ignorierten die Verantwortlichen in Philadelphia die Warnungen und ließen eine Parade zur Unterstützung der Truppen an den Weltkriegsfronten wie geplant abhalten. Innerhalb von zwei Tagen begann die Spanische Grippe Tausende dahinzuraffen. Insgesamt starben in Philadelphia 16.000 Menschen, während St. Louis die Todeszahlen auf ein paar Hundert beschränken konnte. Ähnlich wirtschaftsfixierte Entscheidungen, auf eine Pandemie nicht oder nur verzögert zu reagieren, hat auch ein Choleraausbruch in Hamburg 1892 gezeigt. Die hanseatischen Kaufleute wollten die Wirtschaftsaktivitäten nicht reduzieren, was verheerende Auswirkungen hatte. Als einzige westeuropäische Stadt kam es dort zu einem weitreichenden Ausbruch der Krankheit, der viele Menschenleben forderte.[3]

Noch ist nicht ganz klar, wie die Aufhebung der Ausgangssperre in vielen Ländern vor sich gehen wird. Wie bei der Spanischen Grippe zu sehen war, kam es nach der Hauptwelle und der Beendigung der sozialen Distanzierung zu mehreren kleineren Ausbrüchen.[4]

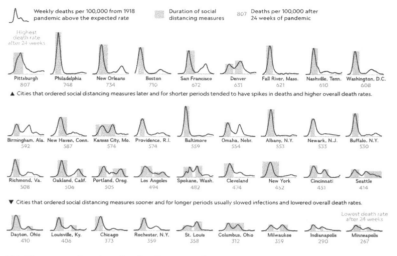

Abbildung 1: Ausbruchswellen bei der Spanischen Grippe 1918-1920

Selbst nach einer Aufhebung der Beschränkungen und der Wiederaufnahme der wirtschaftlichen Tätigkeiten wird die Geschwindigkeit der Erholung nicht nur von verfügbaren Impfstoffen abhängig sein, sondern auch vom Vertrauen der Menschen. Erst 1922, vier Jahre nach dem Beginn und zwei Jahre nach Ende des Ausbruchs, fühlten sich die Menschen wieder sicher genug, Teil einer größeren Menschenansammlung zu sein.

In Bezug auf die Wirtschaft wird nicht die Angebotsseite die große Unbekannte sein, sondern die Nachfrage. Ein längerer Stopp der wirtschaftlichen Tätigkeiten führt unweigerlich zu Änderungen der Verhaltensweisen bei der Bevölkerung, die ähnlich sein könnten wie bei der lang anhaltenden Wirtschaftskrise in den 1920er- und

1930er-Jahren. Menschen, die diese Krise erlebt hatten, tendierten zu höherer Risikoaversion und legten mehr Wert auf Widerstandsfähigkeit als auf Effizienz.

Werden die Menschen nach dem Ende der Coronavirus-Krise den Rückstau an Konsum sofort nachholen oder erst später oder vielleicht sogar gar nicht? Oder wird eine Nachfrage nach neuen Arten von Produkten und Dienstleistungen ein Ergebnis dieser Krise sein?

Die Natur dieser Krise unterscheidet sich von anderen Krisen der letzten Jahrzehnte. Bei der Finanzkrise von 2008 kam es zu einem Zusammenbruch von Vertrauen und damit der Kreditvergabe. Es wurde Liquidität aus dem Markt genommen, weil Anlagen und Wertpapiere auf einen Schlag wertlos geworden waren. Damit sank die Nachfrage und es kam zu einem Kapazitätsabbau. Es dauert einige Zeit, bis abgebaute Kapazitäten bei Bedarf wieder hochgefahren werden können.

Beim Platzen der Internetblase in der New Economy um 2000 waren die Bewertungen der Internetunternehmen viel zu hoch. Als das sichtbar wurde, trocknete der Markt aus, Kapital wurde abgezogen.

In dieser Krise wurde eine auf Hochtouren laufende Wirtschaft von einem Tag auf den anderen angehalten. Wie schnell, das sieht man an den Arbeitslosenzahlen in den USA. In den wenigen Monaten seit dem Beginn des Shutdowns meldeten sich über 40 Millionen Amerikaner arbeitslos. Das gab es in der gesamten Geschichte der USA noch nie. Mittlerweile gehen Experten davon aus, dass zwischen 20 und 30 Prozent der erwerbstätigen US-Bevölkerung arbeitslos sind. Allein in den ersten vier Wochen gingen mehr Arbeitsplätze verloren als in der gesamten Wirtschaftskrise in den 1920er- und 1930er-Jahren. Ähnliches spielte sich in anderen Ländern ab, wobei wir in Deutschland, Österreich und der Schweiz mit Kündigungsfristen, der Möglichkeit zur Kurzarbeit und anderen Maßnahmen eine verzögerte Reaktion sehen.

Kein Wunder, dass die Hilfspakete beispiellose Größen annehmen. Die USA allein gaben in einer ersten Tranche zwei Billionen Dollar (2.000 Milliarden Dollar) frei, gefolgt von mittlerweile zwei weiteren Billionen-Dollar-Hilfspaketen. Die Hilfspakete haben mehr den Charakter einer Katastrophenhilfe als eines Finanzstimuluspakets.[5] So gehen diesmal verstärkt Zahlungen direkt an die Bürger und nicht nur an Unternehmen, auch wenn hier immer noch die erwerbstätige Bevölkerung zugunsten von Unternehmen stark benachteiligt wird.

Verhalten & Gewohnheiten

Anfang des Jahrtausends kam ein Mann in eine Target-Filiale in der Nähe von Minneapolis und wollte den Filialleiter sprechen. In der Hand hielt er Coupons, die seine Tochter mit der Post erhalten hatte. Sie ging noch in die Highschool und diese Coupons enthielten Rabatte auf Babykleidung und Kinderwagen. Der offensichtlich erzürnte Vater wollte vom Filialleiter wissen, ob Target seine Tochter zu einer Schwangerschaft ermutigen wolle. Der Filialleiter war genauso verblüfft und ahnungslos wie der Vater und meinte, es müsse sich um ein Versehen gehandelt haben. Ein paar Tage später rief er den Vater an, um sich nochmals zu entschuldigen, worauf dieser ihm mitteilte, er hätte mittlerweile mit seiner Tochter gesprochen und sie erwarte im August ein Baby.[6]

Diese Begebenheit hatte Charles Duhigg, Autor des Buches „Die Macht der Gewohnheit: Warum wir tun, was wir tun", von Andrew Pole erfahren, der damals Datenanalyst bei Target war. Der Händler hatte nicht nur zu identifizieren versucht, welche Produkte die Kunden gemeinsam mit anderen kaufen, sondern ob man anhand der gekauften Produkte auf eine Änderung der Lebensumstände rückschließen könne. Kaufen schwangere Frauen Produkte, wonach Target feststellen kann, dass sie ein Kind erwarten? Genau das hatte Target analysiert und dann eigens zusammengestellte Couponhefte an seine Kundinnen geschickt.

Warum interessiert sich ein Händler wie Target für veränderte Lebensumstände seiner Kunden? Bei einem lebensverändernden

Ereignis wie einer Hochzeit, einem Hochschulabschluss, einem Umzug in eine andere Stadt, einer Scheidung oder eben einer Geburt ändern sich auch die Gewohnheiten. In diesem Moment werden Menschen flexibler. Man sucht sich ein neues Café, geht in neue Läden, andere Kinos oder beginnt zu trainieren. Und genau das ist der Zeitpunkt, zu dem ein Einzelhändler die größte Chance hat, einen Einkauf in seinem Laden zu einer Gewohnheit werden zu lassen, indem man Anreize bietet, immer wieder zu kommen.

Die Coronavirus-Krise ist so ein Lebensereignis, das weite Teile der Bevölkerung zu einer Änderung ihrer Gewohnheiten zwingt. Wie wir sahen, gab es mehrere Ausgangssperren unterschiedlicher Dauer, und trotz der seit Ende 2020 vorhandenen Impfstoffe drohen Lockdowns bis weit in das Jahr 2021 hinein. Was aber schon jetzt feststeht, ist, dass die Dauer der Krise zu einer nachhaltigen Änderung von Gewohnheiten in einigen Bereichen führen wird.

Lebenskunst

Hand aufs Herz: Wem war bewusst, wie sehr unser Tag fremdbestimmt und fremdstrukturiert war? Wie sehr Besprechungen und Termine als Ausrede galten, nicht über deren Notwendigkeit und die eigenen Wünsche nachzudenken?

Für manche führt der abrupte Stopp aller gewohnten Tätigkeiten zu einer Sinnkrise. Die ersten Tage versucht man noch krampfhaft, die alten Routinen und die übliche Tagesstruktur aufrechtzuerhalten, indem man Besprechungen nun per Videokonferenz abhält, doch schon nach wenigen Tagen merkt man, dass das nicht funktioniert. Shoppen gehen als Ablenkung, die Kinder zur Schule bringen und abholen, der Kaffeehausbesuch und das Work-out im Fitnesscenter zählten zu diesen Routinen, und man ersparte sich das Denken.

Egal ob Sachbearbeiter oder dynamische Start-up-Gründerin, die eigene Routine hat man nie hinterfragt. Und viele bemerken nun, wie verloren sie sich ohne diese vorkommen. Wir erkennen, wie sehr uns andere unsere Tagesstruktur vorgeschrieben haben. Wir haben das nur nie bemerkt. Vom Kindergarten über die Schule bis hin zur Uni oder beim Militärdienst, bei den Arbeitszeiten als Angestellter wie auch als Geschäftsführer liegt die Hoheit über den eigenen Kalender bei anderen.

Jetzt, wo uns gezwungenermaßen keiner zu einer festen Struktur zwingt, kämpfen wir damit, uns den Tag einzuteilen. Wir kommen morgens nicht aus dem Bett, unser Kleidungsstil und die Körperpflege lassen mehr und mehr zu wünschen übrig, wir verkommen auf der Couch beim Binge-Watching von Netflix-Shows, versinken in sozialen Medien und suchen krampfhaft nach jeder Ablenkung, die uns einfällt, ohne dass wir sie dann wirklich verfolgen. Die ersten Tage fühlt sich das wie ein tiefer Abgrund an, wie Haltlosigkeit, als ob wir die Aussicht auf Beschäftigung mit uns selbst als Bedrohung empfinden.

Als ich mich 2013 selbstständig machte, stand ich vor genau der gleichen Herausforderung. Wie organisiere ich meinen Tag, damit ich produktiv bleibe und doch nicht im Stress ertrinke? Es brauchte einige Zeit, bis ich meine eigene Routine fand und weniger Schuldgefühle hatte, wenn ich sie einen Tag einmal nicht einhalten konnte oder mich unproduktiv fühlte. Heute habe ich mehr oder weniger einen geregelten Arbeitsablauf und meine Art, mich zu motivieren, gefunden. Der Lockdown hat für mich insofern nicht die große Umstellung gebracht wie für so manch andere.

Die Ungewissheit, was die ungewohnte Situation bringt, führt zu Unsicherheitsgefühlen und Depressionen, Schlafproblemen und intensiveren Träumen.[7] Routinen und Strukturen bieten Halt. Allerdings scheinen wir gerade das in keiner Phase unseres Lebens wirklich zu lernen, außer eine Krise wie diese zwingt uns dazu.

Um Lebenskunst zu lernen, werden wir verstärkt Menschen konsultieren, die uns dabei helfen können. Zu den Berufen dieser Art gehören Psychotherapeuten, Executive Coaches, Tutoren, Berater, Lebensbegleiter und solche, die Kinder und ältere Menschen betreuen. Der Begriff „Pflegeberufe" wird in diesem Zusammenhang oft verwendet, ist aber irreführend: Er hat für die „Pflegebedürftigen" eine negative Konnotation von Abhängigkeit und Hilflosigkeit. Der

Wirtschaftswissenschaftler John Maynard Keynes schrieb schon darüber:

> Es werden diejenigen Menschen sein, die die Kunst des Lebens selbst am Leben erhalten und mit größerer Vollkommenheit kultivieren können und die sich nicht für die Mittel des Lebens verkaufen, die den Überfluss genießen können, wenn er kommt.

Wir alle werden die „Kunst des Lebens selbst" lernen müssen, und das ist keine Frage von Abhängigkeit, sondern von persönlichem Wachstum.

Solidarität

Erfreulich ist, wie Menschen sich umeinander kümmern. Die Videos von gemeinsamen Balkonkonzerten aus unterschiedlichen Ländern, um sich gegenseitig Mut zu machen, der tägliche Applaus aus den Fenstern und von Balkonen für systemrelevante Beschäftigte oder die Hilfsangebote für Ältere und Menschen mit geschwächtem Immunsystem, ihre Einkäufe zu erledigen, sind zahlreich und ermunternd. Ansonsten teilnahmslose Mitbewohner werden zu Eckpfeilern in einer Gesellschaft im Pandemie-Stress.

Zugleich aber gibt es beunruhigende Szenen, wenn manche sich als Blockwarte in bester Denunziantentradition aufspielen, weil eine Mutter ihr Kind im Hinterhof spielen lässt, oder die Polizei scheinbar willkürlich auslegt, was als Social Distancing gilt und was nicht. Und dann gibt es diejenigen, die sich in ihrer Freiheit so eingeschränkt fühlen, dass sie sich absolut unsolidarisch verhalten, zu Corona-Partys aufrufen oder sogar – wie in den USA in mehreren Bundesstaaten beobachtet – demonstrieren gehen und damit sich und andere mit Ansteckung gefährden.

Zurück zum Normal
oder dem neuen Normal?

„Wann wird alles wieder normal sein?" ist eigentlich die falsche Frage. Die Frage, die wir uns stellen sollten, ist: „Welche Normalität wünschen wir uns eigentlich?" Denn die Normalität vor der Krise war eigentlich nicht normal. Wie kann es sein, dass wir alle zehn Jahre das Wirtschaftssystem aus einer neuerlichen Krise herausboxen müssen und dafür Hunderte Milliarden bereitstellen? Wie kann es sein, dass bei 40 Prozent unserer Bevölkerung – in den reichsten Ländern der Welt – der Ausfall von wenigen Hundert Euro an Einkommen oder eine unerwartete Zahlung von mehreren Hundert Euro existenzbedrohend sind?

Auch ist es nicht normal, dass so viele Menschen mit Hartz IV unter dem Existenzminimum leben, von den Behörden schikaniert werden und Bedürftigen Zusatzleistungen sogar gestrichen werden, nur um dann Hunderte Milliarden mit freier Hand an wenig Bedürftige auszuteilen. Zugleich rauben wir Hartz-IV-Empfängern mit den Schikanen jedwede Zukunftshoffnung und lassen so menschliches Potenzial verkümmern. Und das zu Beträgen, die uns diese Schikanen kosten, die den Erträgen in keinster Weise gegenüberstehen.

Das ist nicht normal, wird nie normal sein und sollte uns nicht als normal vorkommen. Die Chance, eine neue Normalität zu schaffen, die vielen und nicht nur wenigen hilft, ist jetzt da. Der Milliardär und CEO von Social Capital, Chamath Palihapitiya, brachte das in einem Interview mit *CNBC* auf den Punkt. Er meinte, dass wir nicht die Milliardäre, Vorstände und Hedgefonds-Manager durch Staatshilfen aus der Krise helfen sollten. Wir sollten sie untergehen lassen, meint er, weil sie dafür gut bezahlt werden, ein Risiko einzugehen, und sich als die Smartesten in dem Business sehen. Wenn sie verlieren, dann mögen sie vielleicht keinen Luxusurlaub machen können, aber sie befinden sich nicht in einer Existenzkrise wie die einfachen Leute. Und zu lange haben wir unfähigen und schlechten Vorständen von

Zombie-Unternehmen immer wieder aus der Patsche geholfen. Es sei an der Zeit, diese loszuwerden.[8]

Wie das neue Normal aussehen sollte, hängt nun von uns ab. Diese Chance bietet sich uns jetzt.

KAPITEL 1

Vorgehensweise

Im Folgenden werden kurz Begriffe und Herangehensweisen bei den Betrachtungen über mögliche Auswirkungen auf die Gesellschaft sowie ausgewählte Technologien und Industrien vorgestellt. Die Methode selbst ist das Foresight-Mindset, das eine Reihe an Werkzeugen umfasst. In dieser Studie verwende ich einige Methoden, um eine Abschätzung möglicher Zukünfte zu machen, wobei sich der Zeitraum zwischen heute und fünf Jahren bewegt.

Das Foresight-Mindset

Foresight ist das Erforschen und Verstehen der Zukunft. Es handelt sich dabei nicht um eine singuläre Vorhersage. Das wäre unmöglich. Foresight ist die Betrachtung von mehreren möglichen „Zukünften" oder zukünftigen Zuständen. Von diesen sind einige mehr, andere weniger wahrscheinlich oder plausibel, und einige Zukünfte erscheinen uns erstrebenswerter als andere.

Die Vergangenheit ist bereits geschehen, wir können sie nicht mehr ändern, sie liegt außerhalb unserer Kontrolle. Entscheidungen, die wir und andere in der Vergangenheit gefällt haben, führten uns zu der Gegenwart, in der wir uns gerade befinden. Was wir aber unter

Kontrolle haben und beeinflussen können, ist die Zukunft. Oder besser gesagt: Zukünfte. Die Erkenntnis, dass es mehrere Zukünfte gibt, ermöglicht die Fixierung auf eine bevorzugte oder „optimale" Zukunft. Foresight hilft, diese Zukünfte zu identifizieren, auf die präferierte hinzuarbeiten und andere zu vermeiden. Das Wissen darum hilft Organisationen, den richtigen Weg zu beschreiten.

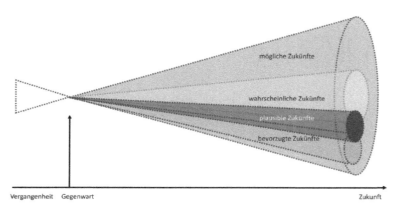

Abbildung 2: Zukünftekegel

Es gibt drei Arten von Zukünften innerhalb eines „Kegels der Möglichkeiten": Die Gegenwart stellt die Spitze des Kegels dar, der Blick in die Zukunft weitet den Kegel. Der gesamte Kegel stellt die möglichen Zukünfte dar. Ein kleinerer Kegel darin repräsentiert die wahrscheinlicheren Zukünfte, also die, die vermutlich passieren werden. Dann gibt es plausible Zukünfte, die erklärbar, aber nicht unbedingt wahrscheinlich sein müssen. Ein noch kleinerer Kegel, der sich mit dem wahrscheinlichen Kegel überschneiden kann, es aber nicht muss, repräsentiert die bevorzugten Zukünfte, also die Zukünfte, die wir als erstrebenswert erachten und gezielt durch unsere Handlungen zu erreichen versuchen.

Foresight-Mindset-Rad

„Über die Zukunft nachzudenken hilft,
besser informierte Entscheidungen in der Gegenwart zu treffen."
– Leland Shupp

Das Foresight-Mindset kann als mehrstufiger, systematischer Prozess verstanden werden, um die Zukunft anzupacken. Ziel dabei ist es, mögliche, plausible, schlüssige und etwas aufrührerische Zukunftsszenarien zu entwickeln. Das vorrangige Ziel ist dabei nicht, eine Vorhersage zu treffen, sondern Szenarien zu entwickeln, die Erkenntnisse liefern und Handlungen auslösen sollen. Der Prozess und das Ergebnis sollen dazu führen, heute bessere Entscheidungen treffen zu können.

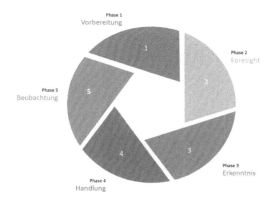

Abbildung 3: Die fünf Phasen des Foresight-Mindset-Prozesses

Foresight beginnt mit der Phase 1: mit der Vorbereitung und vor allem mit einer guten Frage. Was eine solche gute Frage ausmacht, darauf werden wir später genauer eingehen. Aus der Phase 2 Foresight folgen in Phase 3 Erkenntnisse und Einsichten, die zu Phase 4, Handlungen, führen sollten. Auch eine Nichthandlung ist eine Handlung. Zum Schluss bleibt Phase 5: Beobachten, wo Änderungen verfolgt und die Szenarien entsprechend angepasst oder gewählt werden.

Handeln bedeutet, neue Angebote und Produkte zu erstellen, Pläne und Annahmen zu evaluieren und anzupassen, zu fokussieren und Prioritäten zu setzen, die Mitarbeiter und die Organisation vorzubereiten und zu stimulieren sowie bevorzugte Zukünfte mit den organisatorischen Werten zusammenzubringen. Jeder Prozessschritt kann aus einer Vielzahl von Methoden schöpfen. Diese wiederum sollen helfen, gute Fragen zu stellen, Annahmen zu identifizieren und zu hinterfragen, Muster zu erkennen, auf andere Industrien und Disziplinen einen genaueren Blick zu werfen und dann informiert Entscheidungen zu treffen, um die Zukunft aktiv mitgestalten zu können und darauf nicht nur reagieren zu können.

Der Foresight-Mindset-Prozess unterteilt sich konkret in folgende fünf Phasen:

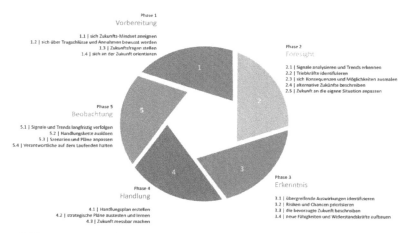

Abbildung 4: Der Foresight-Mindset-Prozess im Detail

Der Foresight-Mindset-Prozess endet klarerweise nicht mit Phase 5, sondern beginnt für neue Projekte von vorn und kann eventuell auch einen Schritt zurück machen, wenn neue Informationen bekannt oder Erkenntnisse gefunden werden. Er ist als ein iterativer Prozess anzusehen, der sich manchmal langsamer, manchmal schneller in beide Richtungen bewegen kann.

Prediction versus Forecast

> *„Eine Vorhersage ist eine Geschichte über die Zukunft, die Erkenntnisse für die Gegenwart liefert."*
> – Bob Johansen

Im Englischen gibt es zwei Begriffe für Vorhersagen, die sich von Foresight unterscheiden und für die es kein deutschsprachiges Äquivalent gibt. Es handelt sich um die Begriffe „prediction" und „forecast". Prediction ist eine Vorhersage, die mit Bestimmtheit die Zukunft vorhersagt. Forecast hingegen arbeitet mit Wahrscheinlichkeiten.

Die Vorhersage „Umfragen zufolge wird Donald Trump Präsident" ist eine Prediction. Der Satz „Donald Trump wird mit 70 Prozent Wahrscheinlichkeit Präsident" ist ein Forecast. Die Vorhersage in der Bedeutung von *Prediction* kommt mit Bestimmtheit, es gibt sozusagen kein Entkommen vor diesem Schicksal. Die Vorhersage in der Bedeutung von *Forecast* wird mit Wahrscheinlichkeiten relativiert. Im Englischen spricht man deshalb beispielsweise bei Wettervorhersagen auch von „weather forecast" und nicht von „weather prediction".

Wann immer ich in dieser Studie von Vorhersagen oder Prognosen rede, meine ich somit „Forecasts".

Von Trends zu Ereignissen

Wir sind umgeben von einer Kakofonie an Nachrichten und Meldungen, die unerbittlich auf uns niederprasseln. Von den Meldungen und Nachrichten sind nicht alle gleich wichtig oder gleich dringlich. Manche sind kleine Signaltöne, die nur kurzzeitig aufleuchten und verschwinden, andere halten länger an und deren Effekt summiert sich über die Jahre, zumeist im Zusammenwirken mit anderen Signalen. Dann gibt es solche, die sich ankündigen, dabei an

Geschwindigkeit gewinnen und mit Wucht ankommen und alles ändern. Und schließlich gibt es diejenigen, die scheinbar aus dem Nirgendwo auftauchen, und danach ist nichts mehr so, wie es vorher war. Von klein nach groß und von langsam zu plötzlich. Auf diesem Spektrum befinden sich Signale, Trends, Metatrends, Big Shifts und Ereignisse.

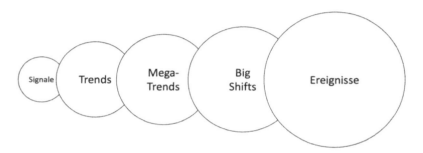

Abbildung 5: Von Trends zu Ereignissen

Signale

Ein Signal ist eine kleine oder lokale Innovation mit dem Potenzial zu skalieren, was die Größe, die Auswirkung und die geografische Verteilung betrifft. Signale können zu Clustern werden, die eine größere Geschichte über die Zukunft erzählen.

Wir übersehen oft diese Signale, weil wir einerseits nicht hinsehen, und selbst wenn wir sie erkennen, „erklären wir sie weg". Wir glauben zu gern, dass es sich um ein „false positive" – sozusagen einen Messfehler – handelt oder dass dieses Signal keine Bedeutung und Relevanz hat. Gerade wenn man Experte ist, glaubt man, das theoretische und praktische Wissen zu haben, genau zu wissen, warum dieses Signal bedeutungslos ist.

Diese Studie basiert auf vielen dieser Signale, die aktuell zu sehen sind. Sie zu sammeln und zu gewichten und deren mögliche Bedeutung zu evaluieren und in ein Narrativ zu verpacken, hilft, mögliche Zukünfte zu beschreiben.

Trends

Anstelle von Vorhersagen reden wir lieber von Trends, wenn wir über die Zukunft sprechen. Ersteres ähnelt Aberglauben und wenig wissenschaftlich Belegbarem. Die Beobachtung und Analyse von Trends hingegen ist ein Instrument zur Beschreibung von Veränderungen und Strömungen in Bereichen der Gesellschaft, Politik oder Technologie sowie eine Abschätzung der Richtung der Entwicklungen. Trends sind inhärent schwierig zu erfassen. Befragt man drei Experten zu einem Trend, bekommt man vier diametral auseinanderliegende Meinungen. Es gibt unter anderem folgende Trendtypen:

Trend: Veränderung, die beobachtbar ist und einen zeitlich stetigen Verlauf vermuten lässt (Beispiel: immer weniger Jugendliche machen Führerschein)

Trendsignal: Informationen und Neuigkeiten, die größere Veränderungen auslösen könnten (Beispiel: Babyboom in Hamburg)

Emerging Trend: gerade entstehender Trend (viele Signale), weiterer Verlauf schwer abzuschätzen (Beispiel: künstliche Intelligenz in Form von Siri, Amazon Echo oder Google Home dringt in Haushalte vor)

Mikrotrend: Veränderung in kleinem Maßstab, regional ausgeprägt oder kaum beobachtbar (Beispiel: steigende Zahl von 1-Kind-Familien führt zu verändertem Verhalten in Gesellschaft)

Makrotrend: spezifische Ausprägungen der Megatrends; Makrotrends beschreiben Teilströmungen, die einen unterschiedlichen Wirkungshorizont aufweisen (Beispiel: 3D-Drucker)

Megatrend: Trend in großem Maßstab, lang anhaltend mit tief greifenden Veränderungen (Beispiel: alternde Gesellschaft)

Exponentieller Trend: ein Trend, der das Potenzial hat, eine Milliarde Menschen zu betreffen, und sich nicht linear, sondern als S-Kurve ansteigend exponentiell verbreitet (Beispiel: künstliche Intelligenz)

Metatrend: Bündelung von Trends und/oder Megatrends (Beispiel: demografische Veränderung)

Schlüsseltrend: als besonders wichtig eingestufter Trend (Beispiel: Marketingfokus verschiebt sich in Richtung reifere Gesellschaft)

Pseudotrend: Phänomen wird als Trend dargestellt, obwohl es keiner ist (Beispiel: Unternehmen setzen sich verstärkt für Familien ein)

Trendbruch: als Trend gekennzeichnete Entwicklung ändert abrupt Stärke oder Verlauf (Beispiel: Pillenknick)

Big Shifts

Anhand des Beispiels des Transportdienstleisters Uber können wir große Verschiebungen erkennen, die gesellschaftsweit und oft global vor sich gehen. Uber ist ein Beispiel, wie ein Big Shift von Besitz (eines Autos) zu Zugang (zu einem Auto) vonstattengeht. Immer mehr Stadtbewohner und vor allem junge Menschen verzichten auf den Besitz eines Autos und nutzen stattdessen die Mobilitätsangebote von Uber oder Lyft, Byrd oder Lime, Ford GoBike oder Citi Bike et cetera.

Die Änderung von Besitz zu Zugang zu einer Ressource ist nur einer der Big Shifts, die wir aktuell beobachten können. Hier sind weitere Schlüsseländerungen, die vor sich gehen:

- von Besitz zu Zugang;
- von fossilen zu alternativen Brennstoffen;
- von vom Menschen gesteuerten zu selbstfahrenden Autos;
- von Autos, die Menschen verbinden, zu Telefonen, die Menschen verbinden;
- von undurchsichtig zu transparent;

- von Big Data zu Liquid Data;
- von Ausbildungsstätten zu Lernflüssen;
- von Vollzeitangestellten zu Selbstständigen;
- vom gedruckten zum digitalen Buch;
- ...

Big Shifts sind nicht mit Megatrends zu verwechseln. Megatrends spielen sich über Jahrzehnte und sogar Jahrhunderte ab, während große Änderungen beispielsweise auf Technologien oder wirtschaftlichen Änderungen fußen.

Ereignisse

Trends können durch unerwartete Ereignisse in ihrer Richtung geändert oder aufgehalten werden. Der libanesisch-amerikanische Autor Nassim Nicholas Taleb bezeichnete ein solches Ereignis als „schwarzen Schwan", also als etwas, auf das nicht hingeplant werden kann. Diese Ereignisse sind unerwartet und unwahrscheinlich, aber wenn sie eintreten, haben sie enorme Auswirkungen auf die Zukunft.

Schwarze Schwäne – ich rede nun von den Vögeln – waren in Europa unbekannt, man kannte nur weiße Schwäne. Gleichzeitig konnte die Existenz schwarzer Schwäne nicht ausgeschlossen werden. Sie waren – im philosophischen Sinne – nicht verifizierbar, sondern nur falsifizierbar. Bis schwarze Schwäne in Australien entdeckt wurden.

In jüngster Vergangenheit fallen darunter – und jetzt meine ich mit schwarzen Schwänen wieder die metaphorische Bedeutung – die Terrorattacken vom 11. September 2001, das Ergebnis der Brexit-Abstimmung, die Finanzkrise von 2008 oder die Wahl von Donald Trump zum amerikanischen Präsidenten. Je nach Land, Organisation oder persönlicher Situation können andere solche schwarzen Schwäne aufgezählt werden. Die Ermordung des Thronfolgers in Sarajevo im Jahr 1914 stellte sich als bedeutend für das Europa der nächsten Jahrzehnte dar. Der GAU im Atomkraftwerk Tschernobyl 1986 läutete das Ende der Sowjetunion ein.

Zählt das Coronavirus dazu? Nein, und darauf wies Nassim Nicholas Taleb selbst auch hin. Auf eine Pandemie kann und sollte man sich vorbereiten, irgendwann kommt mit Sicherheit eine.[9]

Änderungen erster, zweiter und dritter Ordnung

Änderungen erfolgen in unterschiedlich starken Ausprägungen. Es wird zwischen drei Arten unterschieden: Änderungen erster, zweiter und dritter Ordnung.[10]

Änderungen erster Ordnung

Sogenannte „First Order Changes" (Änderungen erster Ordnung) bauen auf einer existierenden Struktur auf und stellen diese nicht infrage. Änderungen darin geschehen schrittweise und linear. Die Entwicklung schreitet den bestehenden Pfad entlang, allerdings indem man etwas mit weniger Ressourcen mehr, schneller, besser und/oder präziser macht. Es handelt sich dabei um inkrementelle Verbesserungen, von denen jede für sich zwar klein ist, die aber über einen längeren Zeitraum und zusammengenommen große Auswirkungen haben. Änderungen erster Ordnung stellen den Status quo nicht infrage.

Wir beschreiben sie als evolutionär, transaktional, inkrementell, kontinuierlich, indem bescheidene Anpassungen an die bestehenden Strukturen vorgenommen werden. Beispiele kennen wir alle aus eigener Erfahrung. Durch überlegtes Üben werden wir bessere Köche, Tänzer, Programmierer oder Musiker. Die Geschwindigkeit eines Computerchips wird durch Kühlung um fünf Prozentpunkte besser.

In dieser Ordnung herrschen Schemata, sogenannte Herangehensweisen zur Problemlösung, vor, die nicht geändert werden müssen.

Änderungen zweiter Ordnung

Der amerikanische Science-Fiction-Autor Robert A. Heinlein schrieb in seinem 1980 erschienenen Buch „Expanded Universe, The New

Worlds of Robert A. Heinlein" von den Herausforderungen, vor denen die Autoren seines Genres stünden.

> *Die schwierigste Spekulation für einen Science-Fiction-Autor ist, sich über die **sekundären** Implikationen eines neuen Faktors ein Bild zu machen. Viele Menschen konnten das Zeitalter der pferdelosen Kutsche korrekt vorhersagen ... aber ich kenne keinen Schriftsteller, ob Roman- oder Sachbuchautor, der die gewaltigen Auswirkungen auf das Verabredungs- und Paarungsverhalten der Amerikaner vorhergesehen hätte.*

„Second Order Changes" (Änderungen zweiter Ordnung) ändern das Paradigma. Sie zwingen die Menschen dazu, die ausgetretenen Pfade zu verlassen und umzulernen. Herkömmliches Wissen und die Art, wie etwas gemacht wird, veraltet. Die Änderung zwingt uns nicht nur dazu, Dinge neu zu benutzen, sondern es geht auch darum, wie wir uns verhalten, wie wir denken und wie wir fühlen.

Diese Änderungen sind revolutionär, transformativ, radikal und diskontinuierlich. Konflikte zwischen Vertretern der alten und neuen Sichtweise sind damit vorprogrammiert. Sie lassen sich nicht vermeiden.

Der Übergang von Pferdekutschen zu Autos war ein Beispiel einer Änderung zweiter Ordnung. Nicht das schnellere Pferd ersetzte das langsamere Pferd, eine Kutsche mit Motor ersetzte die beiden vollständig. Das Wissen der Hufschmiede, Pferdezüchter und Sattler veraltete damit und wurde überflüssig. Wie man den Motor baut und verbessert und die Kutsche an die neuen Gegebenheiten anpasst, wurde zur gefragten Fähigkeit.

In dieser Ordnung müssen Schemata geändert werden. Der alte Weg funktioniert immer schlechter bis gar nicht mehr.

Nicht nur das Auto, sondern auch E-Mail, Internet und das Smartphone haben das Dating-Verhalten zwischen den Geschlechtern verändert. Aus dieser Erfahrung müssten wir Änderungen zweiter Ordnung auch für andere Technologien vorhersagen können, für künstliche Intelligenz, Roboter, autonome Autos, Bitcoin und so weiter.

Änderungen dritter Ordnung

Infolge der Änderungen zweiter Ordnung kommt es zu Änderungen dritter Ordnung. Die Konsequenzen von Änderungen zweiter Ordnung lassen sich mehr oder weniger gut vorhersagen. Autos benötigten Straßen und damit war die Entwicklung einer Straßenbaubranche mit entsprechenden Arbeitsplätzen klar vorhersehbar, genauso wie der Bedarf nach Tankstellen und Automechanikern.

Das Spannende sind aber die nicht vorhersehbaren Änderungen, die als Ergebnis einer Änderung zweiter Ordnung geschehen. Und diese nennen wir Änderungen dritter Ordnung.

Autos brachten uns nämlich auch die Zersiedelung von Städten, Einkaufszentren am Stadtrand oder Restaurantbewertungen. Der Restaurantführer „Guide Michelin" wurde von einer Reifenfirma gegründet, um Autobesitzern attraktive Reiseziele vorzustellen und so den Reifenverbrauch zu erhöhen, sodass neue Reifen verkauft werden können.

Auch das iPhone hat Änderungen dritter Ordnung hervorgebracht, wie sie nur äußerst schwer vorhersagbar waren. Transportdienstleister wie Uber würden ohne Smartphones nicht existieren. Eine Studie ergab, dass Uber als Ersatz für Rettungswagen verwendet wird. Amerikanische Ambulanzen verrechnen an die Tausend Dollar für einen Transport, oft sehr zur Überraschung der Patienten. Versicherungen ersetzen davon nur einen Bruchteil, vor allem, wenn der Einsatz kein Notfall war. Die Forscher untersuchten 766 Städte in 46 Bundesstaaten und fanden heraus, dass überall dort, wo Uber als Service verfügbar war, der Einsatz von Ambulanzen um sieben Prozent zurückging.[11]

In dieser Ordnung müssen nicht nur Schemata geändert werden, die anwendenden Personen müssen sich dieser Schemata und deren Unzulänglichkeiten bewusst werden, damit sie neue Aufgaben anpacken können. Es wird ein „Schema von Schemata" benötigt. Damit lassen sich vorherrschende Schemata ändern und neue Schemata finden und entwickeln.

Änderungen		
erster Ordnung	zweiter Ordnung	dritter Ordnung
vorherrschende Schemata werden ohne Änderung weiterhin angewandt	bewusste Änderung von Schemata in eine bestimmte Richtung	Schemata werden bewusst erkannt, geändert oder neu entwickelt; Schema von Schemata
in einer oder mehreren Dimensionen, Komponenten oder Aspekten	mehrdimensional und bei mehreren Komponenten und Aspekten	neue Dimensionen, Komponenten und Aspekte entstehen
auf einer oder mehreren Ebenen (individuell oder übergeordnet)	auf mehreren Ebenen (Individuen, Gruppen und gesamte Organisation)	
in einer oder zwei Verhaltensweisen (Einstellung, Werte)	in allen Verhaltensweisen (Einstellung, Normen, Werte, Wahrnehmung, Glaube, Weltanschauung und Verhalten)	
quantitativ	qualitativ	
inhaltlich	kontextuell	
Kontinuität, Verbesserung und Entwicklung in dieselbe Richtung	Diskontinuität; Entwicklung schlägt eine neue Richtung ein	völlig Neues entsteht
inkrementell, schrittweise	revolutionär, sprunghaft	
umkehrbar	unumkehrbar	unumkehrbar
logisch und rational	scheinbar irrational und auf anderer Logik basierend	
ändert nicht die Weltansicht, das Paradigma	resultiert in neuer Weltanschauung/neuem Paradigma	
innerhalb des bestehenden Status des Seins (denken und handeln)	resultiert in einem neuen Status des Seins (denken und handeln)	

Tabelle 1: Charakteristika der Änderungen erster, zweiter und dritter Ordnung

Konsequenzen

Änderungen erster, zweiter und dritter Ordnung werden in aufsteigender Reihenfolge schwerer vorherzusagen. Wir können aber aus der Vergangenheit lernen.

Gute Vorhersagen behalten die langfristigen Auswirkungen im Auge und nicht nur die kurzfristigen gewünschten Ziele. Die langfristigen Auswirkungen vom Bestreben einer sozialen Medienplattform wie beispielsweise Facebook, Benutzer zu mehr Aktivitäten auf der Plattform zu bewegen, führten zu der Blase, in der sich die Benutzer nur noch mit Kontakten unterhalten, die ihre Meinungen teilen. Das führt zu einer politischen und gesellschaftlichen Spaltung. Airbnb wiederum sah die mittel- und langfristigen Auswirkungen kurzzeitiger Wohnungsvermietungen auf den Mietmarkt in Städten wie San Francisco oder Amsterdam nicht voraus.

Wertvolle und achtsame Vorhersagen berücksichtigen somit die unterschiedlichen Auswirkungen auf wirtschaftliche, soziale, kulturelle oder ökologische Aspekte.

Die Frage nach der Zukunft darf nicht einfach nur „Wie wird sie aussehen?" lauten, sondern man muss auch fragen: „Zu welchen Kosten?"[12]

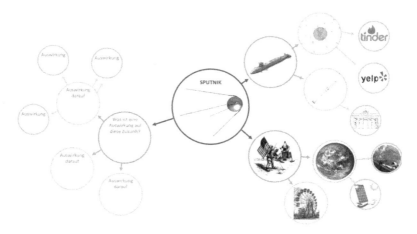

Abbildung 6: Zukünfterad mit Beispiel

KAPITEL 2

Umfrage

Um ein Gefühl für die aktuelle Situation und die Einschätzung über mögliche Szenarien zu erhalten, habe ich meine Newsletter-Abonnenten zu einer nicht repräsentativen Umfrage eingeladen. Die mehr als 50 Reaktionen aus dem deutschen Sprachraum (und einige englischsprachige) sind in diese Studie eingeflossen. Der Großteil meiner Abonnenten stammt aus einem eher technikaffinen Umfeld und ist deshalb nicht repräsentativ für die allgemeine Bevölkerung. Die Umfrage soll als Stimmungsbild gelten.

Hier sind die sechs gestellten Fragen:

1. Was hat sich aktuell für dich persönlich und beruflich geändert? Welche Gewohnheiten und Werkzeuge haben sich geändert? Wie fühlt sich das an?
2. Wie nutzt du gegebenenfalls die Zwangspause und Umstellung deiner Routine? Hast du mehr Freizeit mit der Familie? Machst du Sport? Lernst du neue Skills, und wenn ja, welche? Liest du mehr, schaust mehr TV et cetera? Oder bist du völlig überfordert?
3. Welche Chancen bietet dir persönlich die Coronavirus-Krise?

4. Wo siehst oder vermutest du gesellschaftliche, wirtschaftliche, ökologische, technologische et cetera Auswirkungen, die dauerhaft sein werden? Warum?

5. Bei welchen Dingen, die sich deiner Meinung nach dauerhaft ändern sollten, werden wir wieder in die alten Verhaltensweisen oder den alten Trott zurückfallen? Warum?

6. Welche Chance bietet uns allen die Coronavirus-Krise? Was sollten wir hier nicht vergeigen?

Und hier die Zusammenfassung der Antworten auf diese Fragen:

Die meisten hatten schon Erfahrung mit Homeoffice und Videokonferenzwerkzeugen, vermissen zwar den zwischenmenschlichen, persönlichen Kontakt, berichten aber auch von spürbarer Entschleunigung. Das Pendeln zur Arbeit vermisst niemand. Das Zusammensein mit der Familie tut vielen gut. Manche kämpfen mit der Technik und dass ihre Wohnungen nicht für das Arbeiten von zu Hause eingerichtet sind, speziell wenn mehrere Familienmitglieder so arbeiten müssen. Ein verbreitetes Gefühl ist auch, dass man langsamer mit der Arbeit vom Fleck kommt, auch wenn man mindestens ebenso viel arbeitet.

Andere sehen es als Chance, lange aufgeschobene Projekte zu verfolgen und Dinge zu erledigen, für die sie früher keine Zeit hatten oder sich nehmen wollten. Manche lesen viel mehr, machen Sport, absolvieren Online-Kurse oder kochen. Dann gibt es diejenigen, die plötzlich mit Arbeit eingedeckt sind, weil jedes Unternehmen lange aufgeschobene Online-Repräsentanzen haben muss. Die Bedeutung von mehr Zeit mit der Familie wird immer wieder erwähnt und geschätzt. Nicht zu vergessen die Familienmenschen, die aktuell die beste Zeit ihres Lebens erfahren.

Die Krise hat den Blick auf Wesentliches geschärft. Unnötige Einkäufe sind weggefallen und werden nicht vermisst. Liegengebliebenes wird nachgeholt, es wird aufmerksamer zugehört, viele hinterfragen den Aufwand für manche Termine in der Vergangenheit, zu denen man extra gefahren ist. Einige beschäftigen sich auch mit der Zukunft, nicht nur der eigenen, sondern mit möglichen gesellschaftlichen, geschäftlichen und technologischen Trends. Andere schätzen die freie Zeiteinteilung, die neue Struktur, die sie selbst bestimmen können. Man wird wieder Herr über den eigenen Zeitplan.

Viele erwarten, dass es nicht zu einer Rückkehr zur vorher gewohnten Normalität kommen wird, sondern sich Dinge ändern werden. Über bedingungsloses Grundeinkommen, Gesellschaftsverträge, die Art, wie gearbeitet wird und was wichtig sein wird, wird neu diskutiert werden. Auch ist jedem klar, dass es zu einer Rezession, vermutlich einer Riesenrezession kommen wird und dass es länger dauern wird, bis alles wieder den Vorkrisenstand erreicht haben wird. Viele fordern, die Wertschätzung systemrelevanter Berufe in praktische Maßnahmen umzuwandeln und höhere Löhne zu zahlen. Etliche erwarten auch eine Rückbesinnung auf lokale Angebote, etwa was das Reisen betrifft. All dies wird als gut für das Klima betrachtet, das die Interviewten trotz Corona nicht aus den Augen verloren haben. Wie man mit den zu erwartenden Massenpleiten umgehen wird, beunruhigt sie.

Es wird auf alle Fälle einen digitalen Schub geben, Homeoffice wird bleiben, Geschäftsreisen werden (zumindest vorübergehend) zurückgehen. Auch erhoffen sich einige, dass man endlich aus den Krisen lernt und das System an sich ändert und nicht alle paar Jahre durch eine Krise mit denselben Akteuren und Hilfspaketen geht. Die Befürchtung ist jedoch, dass die Regierungen und Behörden zu sehr von Lobbyisten und Unternehmen vereinnahmt sind, sodass sich ausgerechnet hier nichts ändern wird. Einige erwarten sich übrigens dauerhafte Änderungen, was die Hygiene und Menschenkontakte betrifft. Händeschütteln könnte ein Ding der Vergangenheit werden. Viele hoffen, dass die Solidarität und der Zusammenhalt zwischen den Menschen bestehen bleiben. Und weil wir schon bei Solidarität sind: Diese erwarten sich die Befragten auch von der EU und den EU-Mitgliedern. Und sie sind der Ansicht, dass der Staat und staatliche Einrichtungen wertgeschätzt werden sollten. Gerade in Krisenzeiten geht ohne sie nichts.

Es könnte durchaus sein, dass wir als unerwartetes Ergebnis aus dieser Krise eine Reihe von neuen Unternehmen und eine Gründerwelle erleben sowie dass Menschen danach besser wissen, was sie wirklich im Leben wollen und wie eine neue Normalität im Sinne einer besseren Gesellschaft aussehen soll.

KAPITEL 3

Vorhersagen

> „Erfolgreich investieren heißt,
> dass man die Vorhersagen der anderen vorhersagen kann."
> – John Maynard Keynes

Die folgenden Vorhersagen – im Sinne von Forecasts – beziehen sich auf Wahrscheinlichkeiten, die vom Ablauf der Coronavirus-Krise und dem Zeitraum abhängen, bis die Wirtschaftstätigkeit wieder das Vorkrisenniveau erreicht. Selbst nach dem Höhepunkt der Krise wird es kleinere Wellen von Infektionen geben, wie das schon bei Pandemien in der Vergangenheit der Fall war. Damit kann es regional wiederholt zu kurzfristigen Beeinträchtigungen der Wirtschaftstätigkeiten kommen.

Anfang 2021 stehen gleich mehrere Covid-19-Impfstoffe zur Verfügung, die nun mit einiger Verzögerung im Verlauf des Jahres an die Bevölkerung verimpft werden. Mehrere noch ansteckendere Covid-Mutationen könnten zu Rückschlägen bei der Zurückdrängung der Pandemie führen, und somit kann es dauern, bis die Angst der Bevölkerung vor den Ansteckungsgefahren in größeren Menschenansammlungen zurückgeht.

Um die Wirtschaft wieder in Schwung zu bringen, sind neben Stimulusprogrammen und Hilfspaketen weitere Handlungen notwendig, die geänderte Gewohnheiten und nun eingeübte Vorsichtsmaßnahmen berücksichtigen.[13] Dazu zählen:

1. persönliche Sicherheitsausrüstungen wie Masken, Handschuhe, Schutzmäntel oder Desinfektionsmittel für service- und systemrelevante Mitarbeiter
2. Temperatur- und Gesundheitschecks
3. Design für soziale Distanzierung (auf Flughäfen, in Stadien, Supermärkten und so weiter)
4. Telearbeit

Bei einigen ausgewählten der besprochenen Technologien und Industrien sind Einschätzungen zu den Chancen, dem aktuellen Stand, der Entwicklung und dem Zeitraum, bis wann diese vermutlich bedeutsam werden, getroffen worden. Dabei werden folgende Farbskalen verwendet:

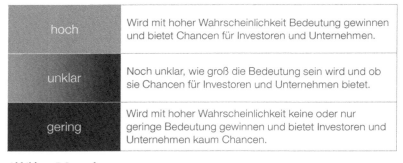

hoch	Wird mit hoher Wahrscheinlichkeit Bedeutung gewinnen und bietet Chancen für Investoren und Unternehmen.
unklar	Noch unklar, wie groß die Bedeutung sein wird und ob sie Chancen für Investoren und Unternehmen bietet.
gering	Wird mit hoher Wahrscheinlichkeit keine oder nur geringe Bedeutung gewinnen und bietet Investoren und Unternehmen kaum Chancen.

Abbildung 7: Legende

Wirtschaft & Finanzwesen

Es scheint, als ob wir in jeder Dekade aufs Neue eine Krise erleben. Sei es eine Ölkrise, eine Internetblase, eine Finanzkrise durch Immobilienblasen oder eben jetzt eine Pandemie, und immer wieder müssen ganze Wirtschaftszweige massiv unterstützt werden, damit sie nicht pleitegehen oder um Liquidität ins Finanzsystem zu pumpen. Zwischen diesen Krisen hören wir von selbstsicheren Managern und Vorständen, dass sich der Staat doch „bitte aus der Marktwirtschaft heraushalten" und „die Wirtschaft nicht durch überzogene Regulierungen oder Steuern abwürgen" solle. Dann aber sind sie die Ersten, die nach Staatshilfen schreien, wenn die Krise zuschlägt.[14] Und immer wieder lassen sich die Politik und Gesellschaft um den Finger wickeln. Die „unsichtbare Hand" des Marktes reguliert jedoch nicht alles, wie wir jetzt an der Knappheit bei Klopapier und lebenswichtiger Infrastruktur erkennen. Vorräte für Notfälle legt in Zeiten von Just-in-time-Produktion und möglichst lean zu haltendem Inventar bis auf den Staat niemand an. Zehn Jahre zwischen zwei Krisen heißt bei vielen börsennotierten Unternehmen, dass drei CEOs die Führung übernommen haben, und Inventar bindet Kapital, verringert die Erträge, damit den Börsenkurs und damit den Bonus. Drei Vorstände, die alle Anreize haben, Reserven aufzulösen. Selbst Cash wird lieber in kurzfristig kurssteigernde Aktienrückkäufe investiert als in langfristig sich auszahlende, aber unsichere Innovationen. Warum soll ich heute Ausgaben tätigen, die erst für den übernächsten Vorstand gewinnbringend sein werden?

Digitalisierung

Welcher C-Level-Executive hat die Digitalisierung in Ihrem Unternehmen vorangetrieben?

☐ *CEO*
☐ *CTO*
☒ *Covid-19*

Die deutsche Staatsministerin für Digitalisierung, Dorothee Bär, erlebt so wie ihre Landsleute, was es bedeutet, von zu Hause zu arbeiten und dabei auf die digitale Infrastruktur des Landes angewiesen zu sein.¹⁵ Dabei scheiden sich die Welten zwischen der digitalen Elite und den dazu gezwungenen Neulingen. Während es für Erstere normal ist, von zu Hause zu arbeiten und Videokonferenzen und Cloud-Lösungen zu nutzen, unterziehen sich andere einem Crashkurs in Sachen digital und erleben dabei eine steile Lernkurve und viel Frustration.¹⁶

Dabei wäre das alles gar nicht nötig gewesen. Schon seit Jahren hat jeder im Land begriffen, dass digitale Transformation eine Notwendigkeit ist. Doch für viele in der Regierung, in den Ländern und in Unternehmen blieb das ein Lippenbekenntnis.¹⁷ Das rächt sich jetzt. Breitbandinternet, Mobilfunk und Schulungen wurden vernachlässigt, Behörden nicht vorbereitet, Unternehmen hielten sich mit den Investitionen in Hard- und Software zurück. Stattdessen wurde viel Zeit und Energie in Gesetze wie die DSGVO gesteckt, die mögliche negative Auswirkungen der digitalen Transformation minimieren sollten. An die positiven Auswirkungen wollte man nicht glauben, deshalb maximierte man sie auch nicht.

Gute und moderne Hardware-Ausstattung macht nicht nur Sinn, sondern spart auch Geld. Bereits vor einiger Zeit stellte ich fest, dass selbst vermeintlich in Vorreiterrollen dienende Innovationsmanager, Vorstände oder Produktentwicklungsleiter mit alten Kommunikationstechnologien und digitalen Werkzeugen arbeiten. Die fast schon sträfliche Vernachlässigung macht sich nicht nur in Bezug auf die Innovationskraft und Wettbewerbsfähigkeit unter normalen Umständen bemerkbar, sondern kann zu einem Stillstand und Ineffizienzen in Krisenzeiten führen.

Man erkennt erst jetzt, dass die Durchdringung mit alten Smartphones, Tablets und Computern in Kombination mit den Hardware-Anforderungen die Arbeit von zu Hause beinahe unmöglich macht. Man erkennt, wie problematisch die Behördenwege werden, wenn sie in einer Krise digital nicht zur Verfügung stehen. Und wie selbst Hilfszahlungen zu einer digitalen Kraftanstrengung werden, weil Bankkontoinformationen und Finanzamtdaten nicht zusammengeführt werden können.

Digitale Transformation ist nicht mehr ein „nice to have", mit dem man sich auf Digitalisierungskonferenzen im Lande schmückt und dort mit seinem alten iPhone 6 ein Selfie auf StudiVZ postet. Ohne digitale Transformation geht ab sofort nichts mehr, und schon gar keine Zukunft auf den Weltmärkten.

Homeoffice

Zum ersten Mal erleben große Teile von Arbeitnehmern und Unternehmern, wie Arbeit abseits von Büros und Werkstätten stattfinden kann. Traut man den Bildern, die die Betroffenen von ihren Heimarbeitsplätzen posten, dann wird vom Küchentisch, von Gartenmöbeln, dem Schreibtisch bis hin zur Abstellkammer alles zum Büro umfunktioniert.

Was in den ersten Tagen Stress verursachte, weil technische Probleme erst gelöst werden und man lernten musste, wie man die entsprechenden digitalen Werkzeuge einsetzt, ist nach wenigen Wochen Alltag. Viele haben eine Routine gefunden, die frei ist vom Stress, den das Pendeln oder elendslange ergebnislose Besprechungen eingebracht haben. Für andere, die keine geeignete technische Ausrüstung haben oder mit Partnern und Kindern beim Homeschooling zu Hause sitzen müssen, ist die Erfahrung eine weniger entspannte.

Ein Zurück zur Normalität vor der Krise wird aber unwahrscheinlich. Zu viele Arbeitnehmer (und Unternehmer) werden es schätzen gelernt haben, einige Tage in der Woche doch von zu Hause arbeiten zu können. Das stellt Gesetzgeber, Finanzamt, Unternehmens-IT und Ergonomiker vor neue Herausforderungen. Welche Pauschalen, Abschreibungsbeträge und Ausgaben werden vom Finanzamt bei Heimarbeit akzeptiert? Wie muss der Homeoffice-Platz ausgestattet sein, damit langfristig die Gesundheit der Arbeitnehmer gewährleistet ist? Was muss die eigene IT-Abteilung an Hard- und Software bereitstellen, damit sicher und effizient von zu Hause gearbeitet werden kann? Lösungen für die Heimarbeit und Heimarbeitende werden gefragt sein, dafür werden Büroimmobilien eine sinkende Nachfrage erleben und damit Lösungen, die nur darauf zugeschnitten sind.

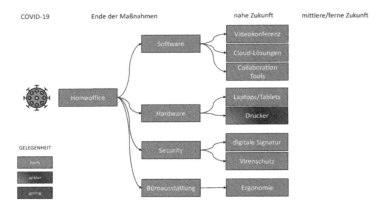

Abbildung 8: Einschätzung der zukünftigen Entwicklung von Homeoffice-Ausstattung

Start-ups

Start-ups standen in den letzten Jahren als interessanteste und viel Hoffnung versprechende Unternehmensform im Mittelpunkt des Interesses. Doch die Philosophie von Start-ups, neue Geschäftsmodelle und Märkte zu schaffen, macht sie in Krisenzeiten besonders verletzbar. Österreich beispielsweise hat ein 150-Millionen-Euro-Hilfspaket speziell für Start-ups geschnürt und sogar einen Start-up-Beauftragten in der Regierung eingesetzt. Auch die britische Regierung hat ein 250-Millionen-Pfund-Hilfspaket für Start-ups als „Future Fund" angekündigt.[18]

Unternehmensgebaren

Wie sich Unternehmen in einer Krisenzeit verhalten, steht unter intensiver Beobachtung. Bestimmte Auswüchse bei der Finanzkrise von 2008 wurden von der Bevölkerung nicht gutgeheißen. Damals gingen die Banken, die Geld vom Staat erhalten hatten, auf Einkaufstour und kauften Mitbewerber auf oder horteten die Gelder, statt sie den von den Staaten vorgesehenen Zwecken, nämlich Liquidität im Finanzsystem zu gewährleisten, zuzuführen.

Die Unternehmensgebaren, die im Vordergrund stehen, umfassen Dividendenausschüttungen, Aktienrückkäufe, Unternehmenssitz in

Steueroasen oder andere als asozial betrachtete Verhaltensweisen wie das Einstellen von Mietzahlungen nach Rekordgewinnen.

Adidas, Deichmann, H&M und eine Reihe weiterer Unternehmen hatten angekündigt, vorläufig die Mietzahlungen für ihre Filialen einzustellen.[19] Das führte zu Kritik in der Bevölkerung, da diese Unternehmen in den letzten Jahren erhebliche Gewinne vorweisen konnten und der Mietenstopp nicht aus Notwendigkeit geschah – wie bei vielen nun arbeitslos Gewordenen –, sondern als Chance betrachtet wurde. Der öffentliche Aufschrei war so groß, dass Adidas sich offiziell dafür entschuldigte und ankündigte, doch die Mieten zahlen zu wollen.[20]

Andere CEOs erlebten ähnliche Shitstorms, wenn auch aus anderen Gründen. United-Airlines-Vorstandschef Oscar Munoz forderte von der US-Regierung Milliardenhilfen für seine Fluglinie, weil die eigenen Reserven nicht ausreichen würden, die Krise abzufedern. Dabei vergaß er zu erwähnen, dass United Airlines in den vergangenen zehn Jahren 12,5 Milliarden Dollar – 96 Prozent des Free Cash Flows von United Airlines – dazu verwendet hatte, eigene Aktien rückzukaufen,[21] unter anderem, damit der Aktienkurs stieg und damit der Vorstandsbonus. Dieses Geld fehlt dem Unternehmen jetzt, um die Krise zu meistern.

Dänemark hat genau auf solche Begierden reagiert: Dort sind Unternehmen, die Dividenden ausschütten, Aktienrückkäufe getätigt haben oder in einer Steueroase ihren Unternehmenssitz haben, explizit von den Hilfsgeldern ausgenommen.[22]

Es ist zu erwarten, dass in Zukunft verstärkt Unternehmensgebaren öffentlich beobachtet und angeprangert werden und Staaten sich noch intensiver mit entsprechenden Maßnahmen auseinandersetzen werden. Angesichts der bereits lange kritisierten kurzfristigen Horizonte der Finanzmärkte, die Vorstände und Unternehmen zu kurzfristig ertragreichen, aber langfristig ruinösen Unternehmensstrategien zwingen, böte diese Krise eine Gelegenheit, das Finanzsystem umzukrempeln.

Andrew Yang, Unternehmer, Investor und ehemaliger Kandidat für die US-Präsidentschaftswahlen 2020, schlägt sogar radikale

Maßnahmen vor, um die gesellschaftliche Verantwortung von Unternehmen sicherzustellen und deren Gebaren zu verbessern. Für jeden 100-Millionen-Zuwachs an Strafzahlungen oder Bail-outs sollten der CEO und der größte Investor einen Monat in den Knast. Wenn beispielsweise im Dieselskandal Volkswagen oder Daimler zu Milliardenstrafzahlungen verurteilt werden, sollten der CEO und der Vorsteher des größten Investors für jede 100 Millionen an Strafen jeweils einen Monat gesiebte Luft atmen. Bei 29 Milliarden Dollar, die allein Volkswagen schon zu zahlen hatte, wäre das jeweils lebenslange Haft gewesen. Und dann würden wir nicht mehr über eine Abwrackprämie sprechen, sondern VW allein hätte 29 Milliarden, um die Krise länger zu überstehen.

Politik & Gesellschaft

Nicht nur Unternehmen stehen unter Beobachtung, auch Politiker und Leiter von relevanten Institutionen. Krisen demaskieren schonungslos die kompetenten und die inkompetenten Führer, weil sich Fakten und Naturgesetze nicht durch Meinungen hinwegdiskutieren lassen.

Obwohl die Krise in den DACH-Regionen in weiten Teilen relativ gut gemeistert wird, gibt es Ausnahmen. Tirol ist so ein Beispiel, wo sich die dortige politische und wirtschaftliche Führungsriege als inkompetent und gefährlich erwiesen hat. Auch betreffen die Vernachlässigungen in der Vergangenheit in Bezug auf Infrastrukturprojekte – speziell digitale Infrastruktur – die Wirtschaftsleistung nun massiv. Dank der löchrigen und veralteten Breitbandanschlüsse und Mobilfunknetze ist der wirtschaftliche Betrieb noch mehr eingeschränkt, als er sein müsste.

Gleichzeitig führt uns die Krise vor Augen, dass eine Gesellschaft und Politik, der in den letzten Jahrzehnten Planbarkeit wichtiger als alles andere war und die eine Versicherungsmentalität vorweist, in Zeiten der Ungewissheit nur verzögert die Flexibilität an den Tag legen kann, die erforderlich wäre. Zu lange läuft man dem Plan nach, den die Realität längst überholt hat.

Andere Staaten wiederum versuchen mit allen Mitteln, die Außendarstellung zu kontrollieren. Experten und Warnern wurden in den USA unter Trump und in China Maulkörbe angelegt, wodurch Hilfsmaßnahmen verzögert und die Situation verschlimmert wurde. All das nur, um die eigenen Führungsriegen gut dastehen zu lassen. Doch auch hier gilt: Fakten und Realität lassen sich von Meinungen nicht verbiegen. Es verlieren alle: Experten, Gesellschaft, Institutionen und Politiker.

Systemrelevanz

Die überraschendste Erkenntnis der Coronavirus-Krise ist, welche Berufsgruppen und Menschen das System in einer Krise am Leben erhalten. Wer hätte vor der Krise gedacht, dass Kassiererinnen und Regaleinschlichter in Supermärkten unabdingbare Arbeitskräfte sind? Dass Reinigungspersonal und -firmen Hochbetrieb haben? Dass Lkw-Fahrer und Transporteure unabdinglich sein würden?

Von medizinischem Personal, Virologen, Kraftwerksmitarbeitern, Schutzausrüstungsherstellern und Journalisten wussten wir das bereits, aber von Pflegekräften in Seniorenheimen? Behindertenbetreuern? Nahrungsmittelzubereitern? Schlachthofangestellten? Erntehelfern? Klopapierproduzenten? Und nicht zu vergessen die Kulturschaffenden, Autoren, Schauspieler, Musiker, Zeichner und Produzenten, deren Früchte ihrer Arbeit uns während des Lockdowns bei Laune halten und nicht verrückt werden lassen?

Man bemerke, dass es sich hier nicht um die hoch bezahlten Hedgefonds-Manager oder den flotten Unternehmensberater mit ausgefeilten PowerPoint-Künsten handelt, sondern um Menschen in notorisch unterbezahlten und wenig angesehenen Berufen.

Diese systemrelevanten Berufe wurden in den letzten Jahren systematisch ausgehungert. Regierungen und Unternehmen reduzierten Gehälter oder „vergaßen", diese zu erhöhen, oder sie benachteiligten systematisch Arbeitskräfte aus dem Ausland, die in vielen dieser Berufe unverzichtbar sind.

In einer Krise wie dieser sind diese Berufsgruppen mehrfach betroffen. Sie „können" zwar arbeiten, setzen sich aber einer Ansteckungsgefahr aus, speziell dort, wo es zu vielen Menschenkontakten kommt. Gleichzeitig standen viele von ihnen ursprünglich gar nicht auf den Empfängerlisten für Schutzausrüstung. Erst nach Wochen erhielten Kassiererinnen und Pflegekräfte Schutzmasken oder Trennwände, die sie vor einer Ansteckung schützen sollen. Und sie haben die zusätzliche Belastung, dass sie sich nicht zu Hause um ihre Kinder, deren Schulen geschlossen sind, oder pflegebedürftige Familienmitglieder kümmern können. Die vorübergehenden und teils mickrigen Lohnerhöhungen – in manchen Fällen sogar nur eine Gutscheinkarte – erscheinen wie Hohn.

Hier wird es langfristig zu einem Umdenken kommen müssen, da es sich keine Gesellschaft, kein Wirtschaftssystem auf Dauer leisten wird können, große Teile der Bevölkerung als wichtigen Teil der Gesellschaft und Wirtschaft zu verlieren. So wie schon Henry Ford den Tageslohn für seine Arbeiter auf das Doppelte des damals üblichen Betrages anhob, weil er wusste, dass er dadurch einerseits die Fluktuation niedrig halten und gleichzeitig Konsumenten schaffen würde, muss es auch hier sein.

Arbeitsplätze

In allen Ländern schossen die Arbeitslosenzahlen explosionsartig in Höhen, wie sie in manchen Ländern nicht einmal in der Wirtschaftsdepression der 1920er- und 1930er-Jahre erreicht wurden. Allein in den USA meldeten sich wöchentlich zehnmal so viele Menschen arbeitslos wie in normalen Zeiten, was nach nur vier Wochen die Arbeitslosenzahl um mehr als 22 Millionen ansteigen ließ, bis August 2020 dann bereits um fast 50 Millionen.

Unterschiedliche staatliche Maßnahmen, die Kurzarbeit ermöglichen, bei der Teile des Gehaltes durch den Staat fortbezahlt werden, sind in manchen Ländern in Kraft getreten. Trotzdem sind viele Arbeitskräfte (und Unternehmer) in einer prekären Situation. Nach dem Ende der Coronavirus-Krise werden zwar viele Arbeitnehmer wieder in ihre Jobs zurückkehren können, doch manche Unternehmen werden sicherlich die Gelegenheit nutzen, Personalkosten zu sparen, indem man nicht mehr alle während der Krise entlassenen Mitarbeiter einstellt oder andere Konditionen bietet oder die Gelegenheit nutzt, die Arbeitsplätze ganz auszulagern oder zu automatisieren.[23]

Eine solche vorhersehbare strukturelle Arbeitslosigkeit wird den Staat und die Gesellschaft vor größere Herausforderungen stellen. Sahen wir schon in den letzten Jahren einen Anstieg von Teilzeitarbeit, befristeten Verträgen und Gig Economy, so wird sich das mit der Krise noch beschleunigen.

Es ist damit zu rechnen, dass es immer weniger Festanstellungen und Vollzeitstellen geben wird und der Anteil von Arbeitnehmern, die in untypische Arbeitsverhältnisse gedrängt werden, steigt und zur neuen Norm wird. „Untypische" Arbeitsverhältnisse werden zu „typischen" werden, und so müssen wir sie auch behandeln. Diese Arbeitnehmer und Arbeitsuchenden als die „wenig qualifizierten" und „faulen" zu verunglimpfen, wie das in der Vergangenheit geschehen ist, ist ein Fehler. Wenn es zu strukturellen Veränderungen am Arbeitsmarkt kommt, dann gibt es keine Arbeitsplätze mehr, auch wenn die Arbeitsuchenden noch so sehr eine Stelle finden wollen.

Die Politik und Gesellschaft sind gefordert, darauf zu reagieren. Das beginnt mit der Aus- und Weiterbildung und setzt sich fort bei den Rahmenbedingungen zu Automatisierung und Auslagerung (Stichwort Steuern – denn Steuern „steuern"), aber auch bei Arbeitsbeschaffungsmaßnahmen wie beispielsweise Infrastrukturprojekten. Der Netscape-Gründer und Risikokapitalgeber Marc Andreessen fordert dazu auf, dass es wieder „Zeit ist, zu bauen".[24] Er bezieht sich zwar auf die USA, aber das gilt genauso für Deutschland. Die Eisenbahn-, Telekom-, Internet- und nicht zuletzt Flughafeninfrastruktur sind nicht auf dem Stand, der eines wirtschaftlich führend sein wollenden Landes würdig ist. Das Problem ist nicht fehlendes Geld, sondern der fehlende Wille, in die Zukunft zu investieren.

Bedingungsloses Grundeinkommen

Wir befinden uns aktuell im wohl größten Feldversuch, der je zu einem alternativen Entlohnungssystem stattgefunden hat. Gleich mehrere Länder haben zeitlich auf bis zu ein Jahr beschränkte Hilfspakete beschlossen, die jedem ihrer Bürger (oder Haushalte) monatlich einen Betrag von 1.000 Euro in bar aufs Konto bringt.

Beim bedingungslosen Grundeinkommen (BGE) wird jedem Bürger, vom Kind bis zum Rentner, ein monatlicher Betrag überwiesen, der die lebensnotwendigen Kosten abdecken soll. Dieser Betrag ist unabhängig von einer Gegenleistung und vom finanziellen Status des Empfängers, kann aber nach anderen Kriterien variieren. So könnten Kinder bis zu einem gewissen Alter einen geringeren Betrag erhalten als Erwachsene.

Die Idee des bedingungslosen Grundeinkommens geistert schon seit einigen Jahren durch die Medien. Tatsächlich sprach bereits Thomas Paine 1796 das erste Mal davon, und seitdem wurde es mit Milton Friedman, Richard Nixon, Barack Obama, Bill Gates, Elon Musk oder Warren Buffett von einer Reihe von Unternehmern, Politikern, Wirtschaftswissenschaftlern und Vordenkern als unabdinglich angesehen. In den vergangenen Jahren gab es einige kleinere Feldversuche, am bekanntesten einer aus Finnland, bei dem zwischen Januar 2017 und Dezember 2018 2.000 arbeitslose Finnen 560 Euro als BGE erhielten. Zu den herausstechenden Ergebnissen zählte, dass die Bezieher sich gesünder fühlten und weniger Stress empfanden. Was ihre Jobsuche betraf, waren sie nicht mehr oder weniger erfolgreich als eine Kontrollgruppe, die kein BGE erhielt.[25]

Argumente gegen das BGE konzentrieren sich vor allem auf zwei Punkte:

1. die Finanzierung des Systems
2. der Anreiz zum Nichtstun für die Empfänger

Auch war bislang nicht vorhersehbar, wie die Auswirkungen auf die Wirtschaft sowie das Preis- und Gehaltsgefüge sein werden. Fördert es die Inflation? Werden schlecht bezahlte Berufe weniger oder mehr Arbeitnehmer anziehen? Werden mehr unbezahlte Tätigkeiten, wie sie in Vereinen, wohltätigen Organisationen oder Freiwilligenverbänden benötigt werden, ausgeübt werden?

Es könnte sich damit aber auch das Verhältnis zwischen Arbeitnehmern in vielen schlecht bezahlten Berufen und deren Arbeitgebern ändern. Wenn keine Angst mehr herrscht, den Lebensunterhalt nicht mehr verdienen zu können, wird Missbrauch durch den Arbeitgeber weniger toleriert werden und Arbeitnehmer würden eher den Job wechseln.

Im Rahmen der Coronavirus-Krise haben mindestens 84 Länder Transferleistungen beschlossen, davon 50 direkte Geldtransfers.[26] Länder wie Ecuador, Italien, Iran, Jordanien, Singapur, aber auch Hongkong gewähren Einmalzahlungen, Brasilien, China und Indonesien planen zusätzlich Zahlungen als Teil von existierenden Sozialleistungen. Die Länder, die eine Art BGE im Rahmen des Coronavirus beschlossen haben und somit besonders interessant in diesem Zusammenhang sind, sind Kanada, die Schweiz und Deutschland.

Kanada zahlt jedem Erwachsenen, der seinen Job verloren hat, sich in Quarantäne befindet, ein krankes Familienmitglied pflegt oder kein Gehalt von seinem Arbeitgeber erhalten hat, monatlich 2.000 Kanadische Dollar (1.282 Euro) für vier Monate.[27]

Die Schweiz zahlt Selbstständigen 80 Prozent ihres Einkommens, bis zu 196 Schweizer Franken (185 Euro) pro Tag.[28]

Deutschland bietet Selbstständigen bis zu drei Monaten Zuschüsse zu Betriebskosten in Höhe von bis zu 9.000 Euro, die nicht zurückgezahlt werden müssen.[29]

Eine Reihe von wissenschaftlichen Studien zu Hilfsleistungen für Bedürftige nach Katastrophen oder Wirtschaftskrisen oder für anderweitig in Not Geratene hat die positive Wirkung von Geldtransfers belegt.[30] Geldtransfer ist aber nicht gleich Geldtransfer. Um die positive Wirkung von Geldtransfers zu erhöhen, sind einige Regeln zu beachten, die unter anderem Anweisungen für die Empfänger zur Verwendung des Geldes beinhalten. Wichtig ist außerdem, dass sie in mehreren kürzeren Perioden – beispielsweise alle zwei Wochen anstatt alle zwei Monate – ausbezahlt werden und bereits bestehende Auszahlungsmechanismen nutzen.³¹

Aus- und Weiterbildung

Die Wiener Schuldirektorin und Kinderbuchautorin Saskia Hula brachte es auf den Punkt:³²

> *„Bisher hat immer der Mut gefehlt, Schule einmal ganz anders zu denken. Jetzt bleibt einem gar nichts anderes übrig."*
>
> – *Saskia Hula*

Legt man die Lehrpläne und die Struktur, wie Schule organisiert ist, von vor 200 Jahren und heute nebeneinander, dann wird man nicht viele Unterschiede sehen. Die Art, wie und welche Fächer unterrichtet werden, hat sich seit Einführung der Schulpflicht kaum verändert. Immer noch steht ein Lehrer oder eine Lehrerin vorn an einer Tafel und macht Frontalunterricht. Klar, die Prügelstrafe oder den Karzer gibt es nicht mehr, ein Fortschritt ist also schon ersichtlich. Doch je nach Region und Bevölkerungszusammensetzung unterscheiden sich Schulen mehr in den Ressourcen als nach Lehrplänen im Vergleich zu denen vor hundert Jahren.

Finanziell gut ausgestattete Schulen setzen eher auf digitale Werkzeuge oder führen überdisziplinäre Projekte durch, das fällt bei finanziell schlechter ausgestatteten Schulen – die oft viele Kinder aus Einwandererfamilien besuchen – unter den Tisch. Zu wenig Lehrpersonal, zu wenige Ressourcen, zu viele Kinder in einem Klassenzimmer bei gleichzeitiger Erwartung, dass die Lehrpläne unbedingt eingehalten werden, ohne Rücksicht auf die Gegebenheiten vor Ort.

Operieren Schulen unter normalen Bedingungen schon am Rande ihrer Möglichkeiten, so trifft sie die Coronavirus-Krise mit besonderer Wucht. Plötzlich wird vom Lehrkörper verlangt, den Unterricht aus der Distanz aufrechtzuerhalten. Allein gelassen, mussten die Schulen sehen, wie sie solch einen Unterricht überhaupt abhalten können. Vielen fehlt die technische Ausrüstung. Kein Internet, keine Tablets oder Computer, die jedes Kind benötigen würde. Keine Lehrpläne, Unterrichtsmaterialien oder Plattformen, die das ermöglichen würden.

Teilweise trifft die Schuld an der kargen Ausstattung und der geringen Wertschätzung von Schule die Gesellschaft selbst, teilweise sind auch Lehrkräfte und Eltern dafür verantwortlich, die gerade im deutschsprachigen Raum den Einzug von Technologie im Klassenzimmer als Teufelswerk verunglimpfen. Überraschend viele Lehrkräfte haben noch nicht einmal einen eigenen Computer, mit dem sie sich auf den Unterricht vorbereiten können. Damit kommen Learning Management Systeme (LMS) oder Online-Klassen nicht in dem Maße zum Einsatz, wie das in einer modernen Schule der Fall sein sollte.

Die vergangenen Monate haben nun jede Schule dazu gezwungen, sich auf einen digitalen Unterricht einzustellen. Die Lernkurve ist dabei sehr steil, weniger für die Schüler als für den Lehrkörper. Videokonferenzwerkzeuge wie Zoom und wie man sie für ein Klassenzimmer verwendet, stellen die Lehrer vor einige Herausforderungen. Das Hochladen von Dokumenten auf einen Dropbox-Share oder in ein LMS scheint für manche einen eigenen Hochschulabschluss zu erfordern.

Nicht immer haben die Schulen selbst Schuld an der digitalen Misere. So berichtet ein Bekannter, dessen Tochter die Unterstufe eines Berliner Gymnasiums besucht, von seinem Erstaunen, dass sie die Hausaufgaben ausgedruckt in der Schule abholen und abliefern müsse. Die Schule hätte zwar sehr wohl rasch reagiert und Videokonferenzwerkzeuge einsetzen wollen, doch hätte sich eine Flut an Hassmails der Eltern über die Schulleitung ergossen. Den Lehrern wurde aufgrund des mangelnden Datenschutzes bei einigen der Online-Werkzeuge mit Klagen gedroht.

In einem anderen in den Medien verbreiteten Fall sah man eine bayerische Oberstufenschülerin in ihrem tief verschneiten Vorgarten fest vermummt vor ihrem Laptop sitzen und so ein Referat abhalten. Die Internetverbindung in ihrem Haus war so schlecht, dass sie das ganze Jahr über Schwierigkeiten hatte, dem Unterricht zu folgen. Die

Hecke im Schnee war der einzige Ort, wo das Internet stabiler war. Kaum gelangte dieses Bild an die Presse, meldete sich schon Digitalminister Andreas Scheuer aus Berlin und veranlasste, dass der Internetanbieter ein Kabel verlegte.

Das alles sollte uns zu denken geben. Wir müssen die Gelegenheit nutzen, Schule neu zu denken. Und das umfasst nicht nur den Lehrplan und wie und was unterrichtet wird, sondern auch von wem. Können wir erwarten, dass Schüler von Lehrkräften für die Zukunft vorbereitet werden, deren Qualifizierung im Bereich digitale Technologien mangelhaft ist und deren Erfahrungen außerhalb des staatlichen Ausbildungssystems zu wünschen übrig lassen?

Auch bringen wir Kindern nach wie vor bei – wie schon vor 200 Jahren –, wie sie einen Job erhalten und behalten, nicht aber, wie sie neue Jobprofile schaffen. Kein Wunder, dass wir heute in einem Schulsystem operieren, das viele Kinder desillusioniert und wenig motiviert für ihr Leben und ihre Zukunft zurücklässt.[33]

All die Jahre wurden Versuche und Vorschläge zu Anpassungen des Lehrplans und der Art der Wissensvermittlung mit den fadenscheinigsten Gründen abgelehnt. Doch jetzt sieht man, dass es so nachher nicht weitergehen kann, ja, gar nicht weitergehen darf. Vor allem müssen wir den nachfolgenden Generationen Werkzeuge an die Hand geben, dass sie selbst lernen können. Ihre Welt wird sie nicht mit einem Beruf versorgen, den sie bis zur Rente behalten und wo Lernen optional ist. Sie werden alle fünf Jahre ein neues Jobprofil haben oder geschaffen haben und kontinuierlich lernen müssen.

Dasselbe gilt für höhere Bildungsstätten. Wir müssen lernen, schneller auf Änderungen zu reagieren und entsprechende Angebote zu entwickeln. 40 Jahre, nachdem vereinzelt die ersten Programmierkurse an Schulen als Wahlfach angeboten wurden, muss Programmieren im Jahr 2020 ein Kernfach im Lehrplan sein. Abgesehen davon, dass Kameras, soziale Medien, Smartphones, Verkehrssteuerungen, Autos, Animationsfilme, Medizintechnik, Roboter und eigentlich alle uns umgebenden Technologien von Millionen Zeilen von Softwarecode betrieben werden, wollen wir die jungen Generationen nicht nur zu Konsumenten, sondern zu Schöpfern dieser Technologien ausbilden. Allein die Tatsache, dass zuständige Unterrichts- und Kultusminister und Lehrplanverantwortliche das immer noch hinterfragen, ohne selbst je programmiert zu haben, ist, als ob Analphabeten über den Wert einer Bibliothek streiten. Auch wenn die meisten nachher ihre erlernten Programmierkünste nicht praktisch anwenden werden, so hilft das doch beim Verständnis des Funktionierens der modernen Welt. Auch Lesen, Schreiben oder Rechnen werden nicht alle Schüler in ihrem weiteren Leben auf dem Niveau einer Schriftstellerin oder eines Mathematikprofessors betreiben, trotzdem sehen wir das als Grundfertigkeiten an, die heutige Menschen lernen und auf einem bestimmten Niveau beherrschen sollten.

Was an Hochschulen schon lange Usus ist, nämlich im Berufsleben stehende externe Lektoren in den Unterricht neben dem akademischen Personal zu integrieren, sollte zur Bereicherung und Erweiterung des modernen Schulunterrichts werden. Damit könnten die Lehrpläne die dringend benötigte Modernisierung durch praktische Einblicke und Perspektiven von außerhalb des Ausbildungssystems verhältnismäßig rasch und günstig erhalten und das würde den Lehrkörper selbst entlasten. Diese Ressourcen bereitzustellen kommt die Gesellschaft wesentlich günstiger als Bürger, die für die moderne Welt zu geringe und international wenig wettbewerbsfähige Kenntnisse haben.

Es werden neue Aus- und Weiterbildungsangebote entstehen. Viele Menschen, die in der erzwungenen Quarantäne sind, werden sich neue Skills angeeignet haben. Die Auszeit, die ihnen geschenkt wurde, lässt sie über ihr Leben und ihre Motivation reflektieren. Es wird sich zeigen, wie wichtig solche bislang eher als „frivol" betrachteten Auszeiten oder Sabbaticals sind.

Wie andere Länder das im Hochschulbereich machen, zeigt das Beispiel asiatischer Universitäten. Diese haben in den letzten Jahren verstärkt in die MINT-Fächer investiert und konnten somit international aufschließen und den Rückstand zu den führenden amerikanischen Universitäten verringern.[34] Man stelle das Deutschland mit seiner immer stärker werdenden Technologieskepsis gegenüber.

Demokratische Institutionen

Staaten, egal welcher Form, und deren Behörden sind unterschiedlich gefordert. Wie sich herausstellt, haben die meisten Staaten – entgegen landläufiger Meinung – im Großen und Ganzen durchaus fähige Politiker in Spitzenpositionen, die an Wissenschaft und Experten glauben und in einer Krise mit klarem Blick agieren.

Andere Länder haben da nicht so viel Glück. Entweder wird nicht an Expertenmeinungen und die Faktenlage geglaubt und sie sogar verleugnet (USA, Brasilien, UK) oder es wird das Wohl der lokalen Wirtschaft vor das der Bevölkerung und der Touristen gestellt (Tirol) oder es wird die Gunst der Stunde ergriffen und demokratische Institutionen werden durch Notstandsmaßnahmen ausgeschaltet (Ungarn).

Bei den funktionierenden Staaten erweist sich das Zusammenspiel zwischen föderalen und zentralen Strukturen oft als zu langsam, beispielsweise in den USA oder in Deutschland. Die Aufrechterhaltung der Kommunikation und Koordinierung von Maßnahmen zwischen den Verantwortlichen wurde in Ländern ohne ausreichende praktische digitale Erfahrung und Infrastruktur zur Herausforderung. Minister, Ministerpräsidenten, Amtsleiter, Bürgermeister und sonstige Entscheidungsträger zusammenzubekommen ohne physischen Kontakt, nur durch Videokonferenzen und Cloud-Lösungen, überforderte manche Entscheidungsträger massiv.

Bestimmte Ministerien und Behörden, etwa im Bereich Gesundheit oder Arbeit, erleben ihre Bewährungsproben. Arbeitslosenzahlen explodierten förmlich, die Bereitstellung von Schutzausrüstung und Test-Kits erwies sich als ziemliche Herausforderung. Da rächten sich Unterlassungen in der Vorbereitung auf solche Krisen und in der Digitalisierung der eigenen Dienstleistungen.

Auch wie rasch Maßnahmen umgesetzt und Impfstoffe zugelassen werden, muss sich ändern. Über die Jahre werden Anforderungen an Genehmigungen und Zulassungen immer umfangreicher, und das sicherlich aus gut gemeinten Gründen. Nur: Gut gemeint bedeutet nicht gut gemacht. Die Krise sollte als Chance wahrgenommen werden, Amtswege zu entschlacken.

Kämpft man schon damit, dann stehen dieselben Institutionen unter der Bedrohung, dass Grundrechte missachtet werden. Selbst wenn es nur vorübergehend sein sollte, die Aufmerksamkeit darf hier nicht nachlassen.

Dabei stellen sich grundlegendere Fragen, denn das demokratische Leben geht auch in der Krise weiter. Überall dort, wo demokratische Wahlen anstanden, können diese nicht auf unbestimmte Zeit verschoben werden. Demokratische Mittel würden damit ausgeschaltet. Technologisch besitzen wir die Möglichkeiten, Wahlen auch bei einem Ausgangsverbot durchzuführen, nur wollen haben wir uns noch nicht getraut. Die Krise wird Widerstände gegen digitale Wahlen – natürlich unter Sicherstellung von Nachvollziehbarkeit, Identifizierung und einem digitalen Abdruck – verringern und kann sogar zu einer höheren Wahlbeteiligung führen.

Jede Art von Technologie, die den Betrieb und die Aufrechterhaltung von demokratischen Prozessen erleichtert und erlaubt, wird nachgefragt werden.

Datenschutz & Überwachung

Wie schon nach den Anschlägen vom 11. September 2001 zeigt sich ein ähnliches Muster in dieser Krise. Datenschutzbedenken (und demokratische Kontrolle) erfahren einen zumindest temporären Rückschlag. Mobilfunkdaten und Apps, die die Bewegungsmuster der Bevölkerung überwachen sollen, werden als Lösung von Interessengruppen und Regierungen vorgeschlagen. Eine App, die in Österreich auf „freiwilliger" Basis die Einhaltung von körperlichen Abständen in der Öffentlichkeit überwachen sollte und von einer Versicherung finanziert worden war, stellte sich als kritisch in Bezug auf Datenschutz heraus. Daten wurden nicht nur zentral gespeichert, die Datenerhebung war zudem nicht sicher.[35] Das gleiche Schicksal erleidet aktuell eine europäische App, bei der der Streit um dieselben kritischen Features dazu führte, dass mehrere namhafte Softwarehäuser und akademische Institutionen aus dem Projekt ausgestiegen sind.[36]

Einmal erfasste Bewegungsdaten sind auch für andere Stakeholder interessant, und die haben zumeist nicht das Interesse der Erfassten, sondern vor allem die Verfolgung eigener Interessen im Sinn. Seien es staatliche Akteure, die auf diese Weise ohne richterliche Genehmigung eine Überwachung der Bürger vornehmen können, oder private Organisationen, die die Daten für die Monetisierung verwenden möchten. Man denke nur daran, was ein Orbán-Regime in Ungarn, Bolsonaro in Brasilien oder früher eine rechtsextreme Regierung unter Kurz-Strache (Stichwort: Ibiza), die Nationalsozialisten und Kommunisten mit diesen Daten alles anstellen (hätten) können.

Polizeikomplex

Eine spanische Freundin, die seit Jahren in Deutschland lebt und arbeitet, bezeichnet ihn als den „Polizeikomplex": den Reflex von Deutschen, andere bevormunden und zurechtweisen zu wollen. Das beginnt bei einfachen Hinweisen beispielsweise einer Radfahrerin, die mich beim Überqueren eines Fahrradweges darauf aufmerksam machte, dass dies ein Fahrradweg sei und ich sie gerade blockiere, und geht nun hin zum Anzeigen von Menschen, die sich während der Coronavirus-Krise allein im Innenhof oder in ausreichendem Abstand von anderen im Park aufhalten. Der Blockwart und das Denunziantentum treiben wieder neue Blüten.[37]

Kriminalität

Wenig überraschend ist, dass mit einer Ausgangssperre auch die Zahl der Kriminaldelikte sinkt. Erste Zahlen zeigen, dass es beispielsweise um 50 Prozent weniger Einbrüche gibt, weil alle zu Hause bleiben müssen und damit das Einbrechen erschwert wird.[38] Mit der verminderten sozialen Nähe kam es auch zu einer Verringerung von Körperverletzungsdelikten um 45 Prozent. Entgegen dem Trend steigen – der Natur der Krise zu verdanken – allerdings häusliche Gewalt und Betrugsdelikte an.

Es ist zu erwarten, dass nach dem Ende der Ausgangssperre die Kriminalität zum vorherigen Niveau zurückkehren und – sollte sich der Trend der vergangenen Jahrzehnte fortsetzen – mit der Zeit sinken wird.

Verwaltung

Das Stichwort E-Government geistert schon seit Langem durch die Medien und Behördenflure, doch bislang ließ der Fortschritt bei der Digitalisierung von Behördenleistungen eher zu wünschen übrig, vor allem, wenn man die heimischen Anstrengungen mit denen von Ländern wie Estland vergleicht. Selbst bei den Behörden, die bei Digitalisierungsinitiativen Vorreiter waren, waren diese zumeist ein Flickwerk. Entweder waren die Digitalisierungsanstrengungen vor allem Informationswebsites oder isolierte Apps, mit denen man eine Art von Behördenweg erledigen konnte, oder sie umfassten einen Prozess, wo am Ende ein Dokument auszudrucken, mit Kugelschreiber zu unterschreiben und in Papierform einzusenden war. Selbst Online-Formulare musste man nach dem Ausfüllen ausdrucken und in eine Box am Amt einwerfen, wo sie Sachbearbeiter händisch ins System eintrugen.

Obwohl es seit Jahren rechtlich anerkannte digitale Signaturen gibt, um die notwendige Identifikation, Autorisierung und Zeitstempelerfassung durchzuführen, boten nur wenige Behörden diese Option an.

Abbildung 9: Ausgedruckte Online-Formulare bitte hier einwerfen

Auch das musste sich mit der Coronavirus-Krise schlagartig ändern. Da niemand mehr auf die Straße darf und somit Behördenwege wie beispielsweise die Arbeitslosenmeldung nicht persönlich vorgenommen werden können, hat dies die Ämter gezwungen, Alternativen zu akzeptieren. Ein Lichtbildausweis, der in die Webcam gehalten wird, um dem Sachbearbeiter seine Identität zu bestätigen, eine E-Mail statt eines ausgedruckten und per Post versandten, unterschriebenen Dokuments – vieles war plötzlich möglich. Der Amtsschimmel wieherte nicht mehr nur, er war imstande zu galoppieren.

In Österreich wurde es in den letzten Tagen bereits klar, dass man trotz der vorbildhaften Digitalisierungsinitiativen und eines eigenen Ministeriums für Digitalisierung diese noch stärker vorantreiben wird müssen.[39] Lange aufgeschobene und komplexe Themen wie elektronische Identität von Bürgern und E-Voting erhalten neue Brisanz. Auch, dass Unternehmensgründungen in den DACH-Ländern nach wie vor mehrere Monate in Anspruch nehmen und viel Geld kosten, könnte sich nun ändern. Dienstleistungen von Notaren und Anwälten könnten ebenfalls weniger zeit- und kostenintensiv werden. Notariatsakte und standardisierte Verträge, die in den USA beispielsweise zehn Dollar pro Unterschrift kosten, rechtfertigen nach einer Digitalisierung der Behörden die Kosten von Hunderten von Euro in keiner Weise mehr. Und in vielen Fällen wären sie gar nicht mehr notwendig. Eine elektronische Identität und eine Signatur müssen nicht mehr von einer Person beglaubigt werden.

Die Krise wird Forderungen nach der Verbesserung oder der Einführung bisher fehlender Systeme und Einrichtungen lauter werden lassen,[40] unter anderem:

- weg vom privaten zum staatlichen Gesundheitssystem (Gesundheit, Wohnen, Arbeitsplätze und saubere Umwelt als universelle Menschenrechte)
- Hilfsprogramme, die nicht nur das Überleben, sondern das Gedeihen sichern
- die Verstaatlichung von Ölfirmen und Fluglinien

- öffentliche Infrastrukturprojekte
- Ausbau sozialer Sicherheitsnetze (Stichwort: bedingungsloses Grundeinkommen)

Technologien

Im Folgenden betrachten wir einige Technologien, die sich in der Coronavirus-Krise als notwendig, und dahinterstehende Unternehmen, die sich als unerwartete Gewinner erwiesen haben. Bei diesen ist zu erwarten, dass ihre Produkte und Dienstleistungen in den nächsten Jahren im Fokus der Digitalisierungsinitiativen von Unternehmen und öffentlichen Einrichtungen stehen werden. Sich mit diesen Technologien und den dazugehörigen Organisationen vertraut zu machen, ist deshalb angeraten.

Videokonferenzen

Wenn es eine Technologie gibt, die den meisten vom Namen her bekannt ist, aber bislang nie verwendet wurde, dann sind das Videokonferenzen. Die aufgeregten Beiträge und Posts in sozialen Medien zeigten, für wie viele Menschen das eine völlig neue Erfahrung war. Etwas überraschend für mich, weil ich seit meinem Umzug in die USA vor beinahe 20 Jahren täglich mit Videokonferenzen zu tun habe.

Zoom, WebEx, Microsoft Teams oder Adobe Connect sind nur einige der kommerziellen Videokonferenzwerkzeuge, die in den letzten Wochen ein Wachstum von wenigen Millionen auf Hunderte Millionen Nutzer erfuhren. Auch eine Reihe von Gratis- und Open-Source-Konferenzwerkzeugen hat sich etabliert: Fairmeeting.net, Jitsi.org oder meet.bitblaze.io. Mit einem Mal kommt Bewegung in diesen eigentlich schon als „alter Hut" betrachteten Markt.

Wie rasch klar wurde, benötigen Videokonferenzen eigene Regeln: wie lange eine Videokonferenz dauern soll, wie lange vorher man sich einwählt, wie man die Kamera positioniert und wann man das Mikrofon am besten stumm schaltet, aber auch wo und in welcher

Kleidung man solche abhält.[41] Die technischen Limitationen erfordern Disziplin von allen Teilnehmern. Wer wann spricht, welche Arbeiten man daneben erledigen kann und wie man aufmerksam bleibt, sind alles Fragen der Etikette und Effektivität bei dieser für viele noch ungewöhnlichen Form.

Eines ist sicher: Videokonferenzen werden erhalten bleiben, und zur üblichen IT-Ausrüstung werden Kameras, Mikrofone und Softwarelösungen dazukommen, die den Hintergrund ausblenden oder Make-up auf Gesichter einblenden können.

Internet & 5G

Den ersten großen Testlauf hatte das Internet mit den Terroranschlägen vom 11. September 2001. So viele Menschen wollten Informationen zu den Ereignissen abrufen, dass viele der noch in den Kinderschuhen steckenden Websites ihren Auftritt entschlackten und entweder ganz auf Fotos verzichteten oder auf Schwarz-Weiß-Fotos umstellten, um die übertragenen Datenmengen zu reduzieren.

Knapp 19 Jahre später wird das Internet als Teil der Grundversorgung betrachtet, so wie fließendes Wasser, Strom und Telefon. Ja, selbst diese Services sind vom Internet abhängig. Telefonie findet über VoIP statt, bei Wasser- und Stromzählern sowie Wartungsarbeiten verlässt man sich auf ein funktionierendes Internet. Fernsehen und Streaming-Services wie Netflix oder Hulu laufen digital über Kabel oder gleich über das Internet.

Durch die Coronavirus-Krise werden weitere Dienste auf das Internet verlagert. Videokonferenzen für die Arbeit von zu Hause, Schulen, die den Unterricht online aufrechtzuerhalten versuchen, und Konferenzen, die ebenfalls online stattfinden, haben die Anforderungen an Bandbreite und Ladezeiten drastisch in die Höhe getrieben. Nicht erwähnt werden muss, dass Internetmedien zur wichtigsten Informationsquelle für die Menschen wurden.

Nun erhalten wir die Quittung für den in Deutschland seit Langem allgemein geforderten und nur halbherzig vorangetriebenen Breitbandausbau. Funklöcher und ein großer Rückstand bei durchschnittlichen Internetdownload-Geschwindigkeiten im Vergleich zu anderen Industrieländern werden seit Jahren angeprangert, doch dass man das Problem anging und Deutschland mit einer Breitband- und Mobilfunkabdeckung versorgt, die eines führenden Industrielandes würdig ist, wurde sträflich vernachlässigt.

Das rächt sich nun, wo Ausgangssperren herrschen und viele versuchen, einen Minimalbetrieb der Wirtschafts- und Schulaktivitäten online aufrechtzuerhalten. Wie wichtig eine gute Internet-Infrastruktur für ein gesundes und wettbewerbsfähiges Wirtschaftsleben nicht nur in Krisenzeiten ist, erkennt man aktuell.

Insofern ist nun zu erwarten, dass diese Lehren aus der Coronavirus-Krise zu einem schnelleren Ausbau der Internet- und Mobilfunkinfrastruktur führen werden.

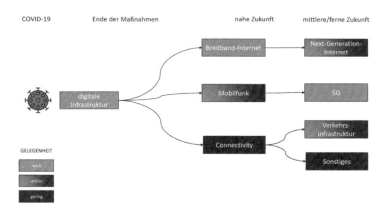

Abbildung 10: Einschätzung der zukünftigen Entwicklung digitaler Infrastruktur

Berührungs- und bargeldlose Technologien

Abbildung 11: Holografische Knöpfe in einem Fahrstuhl

Wer aktuell einen Supermarkt aufsuchen muss, wird die Vorsichtsmaßnahmen nicht übersehen können. Plexiglasinstallationen zwischen Kassierern und Kunden, mit Plastik überzogene Kartenterminals und Schilder und Aufkleber, die Hinweise zu Social Distancing und Maskenpflicht geben. In einigen Läden sieht man sogar eigens abgestelltes Personal, das Einkaufswagen oder Bedienoberflächen von Touchscreens desinfiziert. Diese Lösungen sind arbeitsintensiv und wirken „zusammengeschustert". Nachhaltigere Lösungen sind gefragt.

Das chinesische Unternehmen Easpeed begann in der Stadt Hefei, berührungslose Knöpfe in einem Fahrstuhl zu installieren.[42] Diese vermeiden Infektionen und sind weniger anfällig für Vandalismus.[43] Sie können auch für andere Anwendungszwecke zum Einsatz kommen, etwa bei Bestell- und Bezahlsystemen in Restaurants oder Anmeldeterminals bei Behörden.

Status

Im DACH-Raum herrscht nach wie vor Bargeld als beliebtestes Zahlungsmittel vor. Zwar akzeptieren heute fast alle Restaurants, Läden und Supermärkte Geld- und Kreditkarten, doch gibt es einige Wirtschaftsbereiche, wo der Anteil an Bargeldzahlungen höher ist. Dazu zählen beispielsweise Taxis.

Im Vergleich zu den USA, wo fast ausschließlich Kreditkarten zum Einsatz kommen, oder China, wo mittlerweile mehr als die Hälfte der Bevölkerung mit Apps wie WeChat Pay oder Alipay kontaktlos Zahlungen vornimmt, bevorzugen wir hierzulande Bargeld. Verhältnismäßig spät, nämlich 2018, ist kontaktloses Zahlen bei uns eingeführt worden und es ist nach wie vor Neuland für den Großteil unserer Bevölkerung.

Tatsächlich hat die Krise dazu geführt, dass aktuell manche Läden wegen der befürchteten Übertragungsgefahr kein Bargeld annehmen.

In China hingegen sind auf Marktständen heute vielerorts QR-Codes angebracht, die eine Bezahlung mit dem Smartphone erlauben. Auch Straßenmusiker verwenden QR-Codes. Ja, selbst Bettler halten mehrere QR-Codes parat, je nach bargeldlosem Bezahlungssystem.[44]

Abbildung 12: Marktstand in Shenzhen in China

Abbildung 13: Bettler mit QR-Codes in Jinan, China

Laut *Wall Street Journal* wurden 2018 bereits 9.000 Milliarden Dollar durch mobile Zahlungssysteme überwiesen, und die Tendenz ist steigend.[45] In China haben die Multifunktionsplattformen WeChat und Alibaba Kreditkarten als Zahlungsmittel einfach übersprungen, während sie in den USA und anderen Teilen der Welt seit Jahrzehnten im Einsatz sind und sich durchgesetzt haben.

Dabei hat eine Besonderheit bei den chinesischen Anbietern zum Durchbruch und der hohen Akzeptanz in der Bevölkerung und den Läden geführt: Es fallen keine Transaktionsgebühren an, wie das bei Kreditkarten der Fall ist, und das erlaubt die Überweisung von Kleinbeträgen. Während es bei Kreditkarten Mindestgebühren pro Transaktion gibt, die Zahlungen unter einem bestimmten Betrag unwirtschaftlich machen und selbst höhere Beträge zu einer teuren Transaktion für die Zahlungsempfänger, sind die mobilen Apps von WeChat und Alibaba zusätzliche Services für die Benutzer, um sie bei der Stange zu halten. WeChat Pay und Alipay werden direkt mit dem Bankkonto verbunden.

Obwohl die Smartphones der letzten Generationen bereits bargeldloses Zahlen dank NFC-Chips und Softwareunterstützung möglich machten sowie die entsprechend ausgestatteten Kassen auch bei uns verfügbar waren und Ende 2018 beispielsweise Apple Pay auch bei uns eingeführt worden war, dominiert hierzulande vor allem die Diskussion um die Gefahren des kontaktlosen Zahlens, das ohne weitere Zustimmung des Bezahlers durchgeführt werden könnte.

Entwicklung

Die Coronavirus-Krise könnte somit das Ende des Bargelds einläuten. Auch wenn die ersten Studien zum Übertragungsrisiko durch Münzen und Banknoten noch nicht zu abschließenden Ergebnissen gekommen sind, so ist zu erwarten, dass in der Zeit nach der Pandemie mehr und mehr Menschen bargeldlose Zahlsysteme verwenden und somit kontaktloses Zahlen sich durchsetzen wird.[46] Das kann mit einiger Wahrscheinlichkeit sogar zur Abschaffung von Bargeld in wenigen Jahren führen und Bestrebungen in Ländern wie beispielsweise Schweden erst recht bestärken.[47]

Dabei werden sich altbekannte Fragen mit mehr Dringlichkeit stellen, etwa die nach der Rückverfolgbarkeit und erhöhten Transparenz von Zahlungen der Bürger und damit nach möglichen Datenschutzverletzungen.

Roboter & autonome Systeme

Wenige von uns sind tatsächlich Robotern im Alltagsleben begegnet. Wir mögen zwar einen Roomba haben, der mehr schlecht als recht unsere Wohnung saugt, aber damit hat es sich schon. Dabei bieten robotische Systeme eine Reihe von Vorteilen und könnten bald unverzichtbar werden.

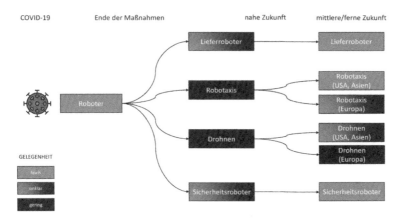

Abbildung 14: Einschätzung der zukünftigen Entwicklung von Robotern

Lieferroboter & Robotaxis

Selbst wenn in einer Krise Ausgangssperren verhängt werden und die Wirtschaft beinahe zum Stillstand kommt, müssen lebensnotwendige Güter transportiert werden. Menschen müssen essen, brauchen Klopapier, sind auf Medikamente angewiesen. Jeder Fahrer, der in einem Lkw oder Lieferfahrzeug sitzt, ist gefährdet, sich oder andere mit dem Virus anzustecken.

Autonome Lkws und Lieferfahrzeuge oder kleinere Lieferroboter wurden bislang im besten Fall als Kuriosität betrachtet, im schlechtesten Fall als Arbeitsplatzvernichter. Tatsächlich stand weltweit in den vergangenen Jahren die Logistikbranche vor der Herausforderung, für die boomenden Transportanforderungen ausreichend Fahrer zu finden. Gleichzeitig gibt es Druck von Städten und Regionen, den Verkehr und damit Lieferfahrten einzuschränken.

Aber auch autonome Autos, die als Robotaxis Menschen transportieren, scheinen bislang als etwas, das, wenn nicht als „technisch unmöglich", so doch als Fahrspaßverderber gilt. Andere wiederum sehen darin eine Attacke auf öffentliche Verkehrsmittel, die als der einzige Heilsbringer im Kampf gegen Verkehrskollaps und Klimakrise gelten.

Mit der Coronavirus-Krise zeigte sich jedoch, wie gefährdet Menschen in solchen Situationen durch die nicht einhaltbare soziale Distanzierung in öffentlichen Verkehrsmitteln sein können. Und das sind Menschen, die keine andere Wahl haben, als sich im öffentlichen Raum zu bewegen, weil sie in systemrelevanten Berufen arbeiten. Auch die Fahrer von öffentlichen Verkehrsmitteln und Taxis setzen sich damit einer Gefährdung aus. Wie schon bei autonomen Lkws und Lieferrobotern benötigen Robotaxis keine Fahrer.

In Peking hat das dort beheimatete Start-up Neolix Technologies Nahrung und Medikamente mit Lieferrobotern zugestellt.[48] Das Unternehmen hat gerade erst 29 Millionen Dollar (26,6 Millionen Euro) an Risikokapital aufgestellt und verwendet Baidus Betriebssystem Apollo für autonome Fahrzeuge.[49] Auch andere Unternehmen wie Starship Technologies, KiwiBot, Waymo, Udelv, ThorDrive oder

Navya sind einige von Dutzenden Unternehmen, die Lieferroboter oder Lieferfahrzeuge entwickeln.[50] Starship Technologies hat beispielsweise seinen Auslieferservice seit März 2020 erweitert und auf andere Städte ausgedehnt.[51]

Abbildung 15: Lieferroboter von Neolix

Nicht nur Lieferungen in der Öffentlichkeit sind eine Herausforderung in einer Pandemie. Bei der Zustellung von Essen und Lebensnotwendigem an Kranke und Pflegebedürftige in Krankenhäusern und Pflegeheimen können Lieferroboter die Ansteckungsgefahr verringern.[52]

Drohnen

Wenn wir schon über den Einsatz von Lieferrobotern sprechen, dann müssen wir auch Drohnen hinzuzählen. Diese fliegenden Roboter traten aufgrund regulatorischer Hürden bislang noch nicht so in Erscheinung, wie die Drohnenindustrie es uns weismachen will. Aber sie könnten sich zumindest für leichtgewichtige und dringliche Waren wie Medikamente oder Organe zu einem wichtigen Transportmedium entwickeln.

Die Polizei wiederum testet Drohnen zur Überwachung und um per Lautsprecher Botschaften an die Öffentlichkeit zu verbreiten, ohne dabei eigenes Personal zu gefährden. Mehrere Filme, angefangen von „Minority Report" bis zu „Code 8", zeigen, wie Gesetzeshüter

– in eher dystopischer Weise – Drohnen zur Verbrechensbekämpfung oder Personenidentifizierung nutzen. Tatsächlich haben zwei Polizeieinheiten in der Nähe von Oakland und San Diego Drohnen von Impossible Aerospace im Einsatz, um während der Pandemie Obdachlose in unzugänglichem Gelände zu informieren und Hinweise zu Social Distancing zu geben.[53]

Weitere Einsatzmöglichkeiten für Drohnen erhofft sich die kalifornische Polizei in Kombination mit dem ShotSpotter-Programm. Mit dieser Technologie des aus Mountain View (in unmittelbarer Nachbarschaft zu Google) stammenden Unternehmens kann die Polizei Schüsse lokalisieren. Mikrofone, die strategisch auf Masten verteilt werden, nehmen solche Geräusche auf und helfen, einen Schützen zu lokalisieren. Mit dort stationierten Drohnen können diese sofort eine visuelle Überwachung übernehmen und einen Schützen verfolgen.

Sicherheitsroboter

Mit der Ausgangssperre waren viele Objekte ohne ausreichende Bewachung. Firmengelände und Gebäude, Museen sowie Einkaufszentren waren menschenleer. Sicherheitsdienste mussten ihre Mitarbeiter zu Hause lassen. Wo Sicherheitspersonal im Einsatz war, setzte es sich der Gefahr der Ansteckung aus.

Sicherheitsroboter wie jene von Knightscope erlauben es, aus der Ferne Objekte zu überwachen und auch im Falle einer Ausgangssperre den Aufgaben nachzukommen und Werte zu erhalten.[54]

3D-Druck, Lasercutter

Ein befreundeter Trainer fragte die Mitarbeiter eines mittelständischen deutschen Unternehmens bei einem Workshop, wie viele von ihnen denn meinten, dass 3D-Druck relevant für ihr Business sei. Beinahe alle Hände schossen in die Höhe. Dann sagte er: „Okay, zeigt mir doch bitte euren 3D-Drucker." Alle schauten verwirrt. Obwohl sie oft darüber diskutiert hatten, waren sie nie auf die Idee gekommen, einen anzuschaffen. Noch am selben Nachmittag bestellten die Geschäftsführer einen 3D-Drucker.

Wie nützlich 3D-Druck ist, zeigte die Coronavirus-Krise in einem italienischen Krankenhaus. Ein Ventil für die Beatmungsgeräte war dort nicht mehr lagernd und der Hersteller konnte keine Ersatzteile liefern. Freiwillige mit 3D-Druckern rekonstruierten das Teil, druckten es in ausreichender Menge und halfen damit den Krankenhäusern, die Beatmungsgeräte funktionstüchtig zu halten.[55]

3D-Drucker, Lasercutter und andere moderne Werkzeuge erweisen sich als unverzichtbare Bestandteile von Organisationen, um den Betrieb nicht nur in einer Krisenzeit aufrechtzuerhalten. Lokale Einrichtungen, wie beispielsweise der TechShop (eine Art Profi-Werkstatt für Bastler) eine war, könnten zur Grundausstattung in Gemeinden werden. Auch Schulen, Aus- und Weiterbildungseinrichtungen sollten künftige Generationen mit diesen Technologien vertraut machen.

Sensortechnologie & Augmented Reality

Diese Pandemie hat uns vor allem eines vor Augen geführt: wie wenig Ahnung wir davon haben, wo sich in der Luft oder auf Oberflächen Krankheitserreger, Grippeviren und gesundheitsschädigende Wirkstoffe befinden. Wir sind im Blindflug, bewegen uns in Gefahrenzonen, ohne es wirklich zu wissen. Bei Radioaktivität haben wir zumindest Geigerzähler, die uns ständig anzeigen, wie viel radioaktive Strahlung uns umgibt.

Wäre es nicht schön, wenn wir erkennen könnten, wie weit die Tröpfchen einer hustenden Person fliegen? Welche Oberflächen von Selbstbedienungskassen in Supermärkten kontaminiert sind und gereinigt werden müssen? Wo sich gerade verstärkt Pollen befinden, die allergische Reaktionen auslösen können? Und wo sich in einem Raum oder Gebäude welche Gerüche und Schadstoffe befinden? Es gibt zwar eine Reihe von Simulationen, wie sich Aerosole und Schadstoffe in geschlossenen Räumen und der Luft ausbreiten, aber noch wenig praktische Anwendungen.[56]

Auch der Erfolg von Gegenmaßnahmen könnte so rasch überprüft werden. Ist der Bereich bereits ausreichend gereinigt worden?

Fluoreszierende Zusätze in Desinfektions- und Reinigungsmitteln könnten verseuchte Bereiche und die Mikrotröpfchen in einem Raum anzeigen und offenbaren, wie gut die Lüftung oder ein Filter wirken.[57]

Sensoren, die Gerüche, Viren oder chemische und biologische Stoffe in der Luft oder auf Oberflächen erkennen, analysieren, quantifizieren und visualisieren, sind heute fast gänzlich unbekannt oder nicht für die Allgemeinheit verfügbar. Die Schwierigkeiten, die es hier zu überwinden gilt, sind die Ausnutzung unterschiedlicher chemischer Eigenschaften der Schadstoffe, um zu bestimmen, um welchen Schadstoff es sich dabei handelt, die Mengenbestimmung, die Verortung sowie die Visualisierung. Jeder einzelne dieser Punkte stellt hohe technologische Anforderungen dar, die nicht so einfach zu lösen sind und in naher Zukunft marktreife Produkte hervorbringen werden.

Die chemische, physikalische und medizinische Analyse erfolgt in eigenen Wissenschaftsdisziplinen und die Analysegeräte verwenden nicht nur unterschiedlichste Methoden (Spektralanalyse, Chromatografie, Massenspektrometer), sie müssen auch von Experten bedient werden, die Proben für die Analyse aufbereiten und die Ergebnisse interpretieren müssen. Ergebnisse sind in vielen Fällen nicht innerhalb von Sekundenbruchteilen, sondern erst nach längeren Zeiträumen verfügbar.

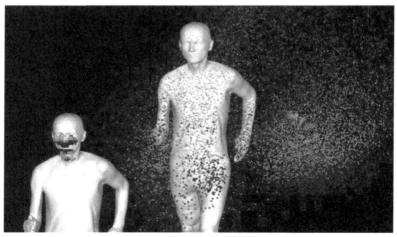

Abbildung 16: Visualisierung von Schadstoffen

Trotzdem könnten für gewisse Schadstoffe solche Anwendungen viel Sinn machen. Man stelle sich vor, solche Technologie könnte in eine normale Brille als Augmented-Reality-Technologie eingebaut werden und stünde Allergikern, Menschen mit geschwächtem Immunsystem, systemrelevanten Beschäftigten und medizinischem Personal zur Verfügung.

Erste Ansätze, wie AR-Brillen mit thermischen Sensoren beispielsweise die Körpertemperatur und damit mögliche Covid-19-Infektionen detektieren können, wurden von Librestream und Vuzix vorgestellt.[58]

Wie wichtig solch eine Technologie sein kann, zeigt der Fall von Chormitgliedern im US-Bundesstaat Washington.[59] In Mount Vernon, eine Autostunde von Seattle entfernt, trafen sich am 29. Februar knapp 60 der 121 Sänger zur regulären Chorprobe. Zwar waren bereits in Seattle selbst die ersten Covid-19-Fälle bekannt geworden, aber man wähnte sich in Mount Vernon noch sicher. Offizielle Ausgangssperren waren auch noch nicht verhängt worden. Die zweieinhalb Stunden dauernde Gesangsprobe hatte – trotz Abstand, den man vorsichtshalber voneinander hielt – verheerende Auswirkungen. 45 Mitglieder waren drei Wochen später positiv getestet, drei lagen im Krankenhaus und zwei Mitglieder waren an Covid-19 gestorben. Die Chormitglieder hatten durch das Singen Aerosole ausgestoßen und eingeatmet, die über die Dauer der Probe fast jedes Mitglied erreichten und infizierten.

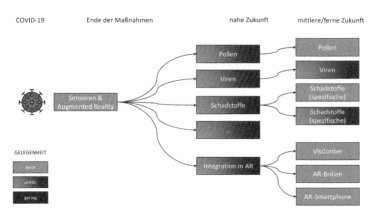

Abbildung 17: Einschätzung der zukünftigen Entwicklung von Sensoren & AR

Man sieht, hier ergibt sich eine ungeheure Chance für Technologiefirmen, die diese Herausforderung anpacken wollen. Eventuell wäre ein Preisgeld in einem Wettbewerb, wie bereits beim XPrize für den Tricorder – das von der Serie „Raumschiff Enterprise" inspirierte Gesundheitsmessgerät –, die beste Vorgehensweise, um hier Ansporn zu geben.[60] Wie wäre es mit einem VisCorder?

IT-Security

Bislang war IT-Security vor allem ein Thema für Unternehmen. Waren anfänglich insbesondere Finanzunternehmen das Ziel von „Bad Actors", so wurden mit verstärkten Sicherheitsmaßnahmen in der Finanzbranche andere Unternehmen zu bevorzugten Angriffszielen. Logistiker wie Maersk, Unterhaltungsfirmen wie Sony Entertainment, zuletzt auch Krankenhäuser oder sogar Behörden erlitten Angriffe, die sich oft in Erpressungen auswirkten, indem wichtige Unternehmensdaten auf gehackten Servern verschlüsselt und nur gegen Bezahlung eines Lösegeldes in Kryptowährung wieder zugänglich gemacht wurden.

Mit dem Homeoffice werden in Zukunft nicht nur die Firmen-IT, sondern auch private Rechner zum Ziel werden. Private IT-Security, die über den reinen Virenschutz hinausgeht, wird relevant werden.

Software & Plattformen

Softwareunternehmen und Plattformbetreiber sind von der Krise in unterschiedlichem Maß betroffen. Während Einkaufsplattformen wie Amazon oder Videokonferenzsoftware wie Zoom ein beispielloses Wachstum in der Krisenzeit erleben, sehen Sharing-Plattformen wie Uber, Lyft oder Airbnb, deren Geschäftsmodelle Reisen und persönlichen Kontakt benötigen, Einbrüche bei ihren Umsatzzahlen von 80 Prozent und mehr.

Gleichzeitig entstehen neue Plattformen wie beispielsweise The Exchange von Resilinc, die eine Marktplattform für Krankenhäuser betreibt.[61] Auf dieser können Krankenhäuser knappe Ausrüstung wie Schutzmasken oder Desinfektionsmittel anbieten oder nachfragen und so Ressourcen besser allokieren und Preistreibereien in einer Krisensituation unterbinden. Ende März waren es US-weit bereits 300 Krankenhäuser, die auf der Plattform vertreten waren, die Betreiber rechnen jedoch damit, dass es noch im selben Monat 2.000 sein werden.[62] Bestimmte Branchen pushen Arbeitsvermittlungsplattformen. So setzen Landwirte auf eine Plattform wie DieLebensmittelhelfer.at, nachdem ausländische Erntehelfer in ihren Ländern in Heimisolation stecken.[63]

Sprunghaft angestiegen sind die Umsätze wegen der Verschiebung des Wirtschaftslebens hin zu Online-Läden bei Anbietern von Website-Hosting-Plattformen und Shopping-Lösungen. Nachdem viele kleine Händler jahrelang vor allem auf das physische Ladenlokal gesetzt haben und trotz gestiegener Nachfrage dem Aufruf zu einem Online-Laden nur zögerlich nachgekommen sind, gibt es aktuell keine andere Möglichkeit, Umsatz zu machen, als online. Und das hat Auswirkungen auf eine weitere Branche: Cloud-Anbieter.

Auch Produktsuchplattformen wie Product Hunt helfen der Bevölkerung, lokal Waren des täglichen Lebens effizient zu finden.[64]

Cloud

Viele Online-Plattformen laufen heutzutage bereits über große Cloud-Plattformen, auf denen Speicherkapazität und Bandbreite für ihre Dienstleistungen verfügbar gemacht wird. Online-Streaming-Dienste wie Netflix verwenden beispielsweise Amazons AWS, so wie auch Hunderttausende kleinerer Webshops.

Mit der aktuellen Krise steigt die Nachfrage nach Cloud-Services noch mehr, weil nun auch die Nachzügler ernsthaft die digitale Transformation anpacken müssen. Und einmal in Angriff genommen, wird man davon auch profitieren.

Künstliche Intelligenz

Alle, die Auskünfte bei Behörden einholen, eine Umbuchung bei Fluglinien durchführen, eine Erstattung von Eintrittskarten für Veranstaltungen oder Gesundheitsinformationen abholen, sich arbeitslos melden oder bestimmte Behördenleistungen in Anspruch nehmen wollten, erlebten dasselbe: besetzte Leitungen und stundenlange Warteschlangen. Viele der Telefonate hätten vermutlich von Chatbots durchgeführt werden können, wenn, ja, wenn man sich nur früh genug mit künstlicher Intelligenz auseinandergesetzt hätte und über digitale Transformation nicht nur auf Konferenzen klug gesprochen, sondern diese tatsächlich umgesetzt hätte.

Chatbots sind eine von vielen möglichen KI-Anwendungen, die in Krisenzeiten wichtige Aufgaben übernehmen könnten. Amazon, das mit Connect, basierend auf der KI-Anwendung Alexa, eine Callcenter-Lösung anbietet, erlebte in den letzten Wochen einen massiven Anstieg von Lizenzanfragen.[65]

Autonome Lieferroboter, Drohnen und Autos sind ein weiterer Beitrag, wo menschliche Kontakte auf ein Minimum reduziert werden können. Auch der Einsatz von KI zur Entwicklung von Impfstoffen und Gegenmitteln hilft Menschen, eine solche Krise schneller zu bewältigen.[66] Organisationen, die KI für solche Zwecke effektiv einsetzen können, werden davon immens profitieren.

Selbst so abwegig erscheinende Konzepte wie jenes, bei dem KI menschliche Gehirnströme in Sprache übersetzt, werden in Zeiten, in denen die Ansteckungsgefahr durch Tröpfchenausstoß beim Sprechen hoch ist, plötzlich zu interessanten Alternativen.[67]

In der deutschen Industrielandschaft zeigt sich jedoch ein anderes Bild. Für wenige Industrien schien KI bislang für die Geschäftstätigkeit essenziell.[68] KI war eher eine Kuriosität, die man an Nebenschauplätzen einsetzte, wo man sie schnell wieder abschalten konnte, wenn sie sich nicht bewährte. Das muss und wird sich nun ändern.

Industrie

So wie am Dienstag, dem 11. September 2001, das Internet von einer interessanten, aber wenig ernst genommenen Kuriosität mit einem Schlag zu einer lebensnotwendigen Infrastruktur und Informationsquelle wurde, so erleben wir, wie die Coronavirus-Krise gleich mehrere Technologien zum Mainstream werden lässt. Einige davon sind für Industrien und Branchen in unterschiedlicher Weise interessant.

Wie schon während der Finanzkrise 2008 ist zu erwarten, dass es eine Konsolidierung von Unternehmen geben wird. Finanziell mit mehr Reserven ausgestattete Unternehmen werden (unter anderem mit Bail-out-Geldern) kleinere oder in finanziellen Schwierigkeiten steckende Wettbewerber übernehmen.

Gleichzeitig werden Unternehmen die Gelegenheit nutzen, beim Personal Kosten zu sparen. Entweder, indem man nicht mehr alle während der Krise entlassenen Mitarbeiter einstellt, ihnen andere Konditionen bietet oder die Gelegenheit nutzt, die Arbeitsplätze auszulagern oder zu automatisieren.

Gig Economy

Die Gig Economy mit Freelancern, die oft über Plattformen ihre Dienste anbieten und bei denen die Grenze zwischen Selbstständigkeit und einem Abhängigkeitsverhältnis fließend ist, entwickelt sich in der Coronavirus-Krise unterschiedlich. So hat der Fahrdienstanbieter Uber zwar seit dem Beginn der Krise 70 Prozent der Passagierfahrten eingebüßt, dafür haben sich jedoch die Auslieferungen von Nahrungsmitteln und Medikamenten mit Uber Eats vervielfacht.[69] Auch wenn diese Services nach wie vor laufen, so sind die Anzahl der Aufträge und damit die Erträge geringer. Erfahrungen von DoorDash oder Postmates zeigen außerdem, dass die Bestellsummen geringer sind.[70] Und auch bislang Widerstand leistende Betriebe etwa in der Gastronomie, die Zustelldiensten skeptisch gegenüberstanden, konnten nicht anders, als auf den Zug der Hauszustellung mit Plattformen wie Abholhelden.de aufzuspringen.

Andere Plattformen, bei denen persönliche Dienste von Körperpflege, Massagediensten bis hin zu bestimmten Aufgaben vermittelt werden (Task Rabbit), sind fast völlig zum Erliegen gekommen.

Die Plattformbetreiber sind nur teilweise auf diese Krise vorbereitet. Uber hat relativ wenig Fixkosten und administrative Überwachung.

Es gibt keine Flotten zu erhalten, in die viel Kapital gesteckt worden ist. Dafür sind die Cash-Erlöse gesunken. Airbnb wiederum musste seinen für 2020 geplanten Börsengang absagen und muss neues Geld aufbringen.

Dienstleistungen, die bislang auf Gig-Economy-Plattformen kaum eine Rolle spielten, experimentieren nun mit diesen. Es ist zu erwarten, dass neue lokale Plattformen für bestimmte Services entstehen und wachsen, wie wir noch bei anderen Industrien genauer sehen werden (Erntehelfer, Süpermarkt, Shöpy).

Für dieses und das nächste Jahr ist zu erwarten, dass mit mehreren Millionen vernichteten Jobs viele Arbeitslose neue Jobs in der Gig Economy annehmen werden. Das wird zwar den Plattformen zugutekommen, aber durch den verstärkten Wettbewerb die bisher schon auf solchen Plattformen prekär Beschäftigten finanziell noch härter treffen.

Mobilität

Mit einer Ausgangssperre kommt die Mobilität der Menschen zum Erliegen – und damit jedes Unternehmen, das im Logistik- und Transportsektor tätig ist. Gerade dort gab es in den letzten Jahren einige Umwälzungen. Die Automobilindustrie kam durch Ridesharing, Elektroautos und autonomes Fahren gehörig unter Druck. Der Logistiksektor ist hingegen der wachsenden Nachfrage nicht gewachsen, Lkw-Fahrer werden zum raren Objekt der Begierde.

Gleichzeitig sind eine Reihe von Mikromobilitätsangeboten auf den Markt gekommen. Fahrradstationen, Elektrofahrräder und E-Scooter fluteten die Straßen von Städten weltweit. In Paris allein warfen bis zum Jahresende ein Dutzend Anbieter mehr als 40.000 E-Scooter auf die Straßen. Doch nun gibt es einen harten Stopp, nicht ohne Konsequenzen. So hat der Elektrorollerverleiher Bird ein Drittel seiner 1.200 Mitarbeiter entlassen müssen.[71] Auch Kodiak Robotic, das autonome Lastwagen entwickelt, hat 20 Prozent seiner Belegschaft entlassen. Zoox, Entwickler autonomer Passagierautos, zehn Prozent.

Jetzt trennt sich die Spreu vom Weizen und man tut gut daran, genauer hinzuschauen, welche Kapitalreserven und Gewinnaussichten die Unternehmen haben.

Automobilindustrie

War in den letzten Jahren die Automobilindustrie von einem Rekordjahr zum nächsten unterwegs, so zeigten sich mit dem Dieselskandal, verschärften Abgasbestimmungen und sich ändernden Märkten die ersten Brüche im System. Deutschland war 2019 von Pleiten diverser Automobilzulieferer und Massenentlassungen bei allen großen Herstellern betroffen. Schuld daran sind der Umstieg auf Elektromobilität, die erhöhte Automation und die Digitalisierung der Fahrzeuge. Die Margen und Gewinnspannen kamen unter Druck durch Rückstellungen aufgrund von Klagen zum Dieselskandal und durch notwendige hohe Investitionen in neue Technologien.

Mit dem Ausbruch der Pandemie mussten weltweit viele Automobilfabriken die Produktion vorübergehend einstellen. Das hat Auswirkungen auf die Zulieferer, die Werkstätten und die Autohändler. Selbst wenn es zu einer Wiederaufnahme der Produktion in einigen Ländern kommt, bedeutet das nicht einen sofortigen Produktionsbeginn, wenn die Zuliefererkette global verteilt ist und andere Länder noch nicht liefern können.[72] Mit dem Ausbruch der Krise erwarten Branchenexperten, dass die weltweiten Absätze um 29 Prozent einbrechen werden.[73] Mercedes-Benz Cars hatte im ersten Quartal einen Einbruch um 17,8 Prozent erlitten.[74]

Auch zeigt ein Hersteller wie Tesla, wie man trotz Krise und Ausgangssperre dennoch Autos ausliefern kann. Tesla hat begonnen, „kontaktlose Übergaben" seiner Fahrzeuge an Kunden einzuführen. Dank der digitalen Kerndesigns der Fahrzeuge kann Tesla das Auto auf diese Weise sicher übergeben. In Zukunft können autonome Fahrzeuge sogar selbstständig zu ihren Käufern fahren und so übergeben werden. Und das wird gezwungenermaßen von anderen Herstellern nachgeahmt werden müssen und auf längere Sicht den Autohandel zu großen Teilen obsolet machen.

Inwieweit wirkt sich die Krise auf die Cashpositionen der Unternehmen aus? Dazu muss man wissen, dass die Zuliefererkette bei Automobilunternehmen und vielen anderen in einer Weise funktioniert, dass das Inventar als in der Vergangenheit größter Kapitalbinder nun auf einem Minimum gehalten wird. Die Zuliefererketten sind so lean gestrickt, dass möglichst wenig Inventar gehalten wird. Das funktioniert so lange gut, wie die Zuliefererkette nicht unterbrochen wird.

Automobile als Produkte haben eine relativ geringe Verweildauer im Inventar, sie finden innerhalb weniger Tage einen Käufer. Damit landet sofort der gesamte Cashbetrag bei den Herstellern, die dann wiederum mit einer mehrmonatigen Verzögerung ihre Zulieferer bezahlen. In einer Krise wie dieser können Automobile aber nur beschränkt ausgeliefert werden, was zu Änderungen in den Cashpositionen der Automobilhersteller führt.

Man kann sich somit leicht ausrechnen, dass ein Hersteller, der kontaktlose Auslieferungen trotz Ausgangssperren durchführen kann, seine Cashposition weniger gefährdet als diejenigen, die auf die physische Übergabe bei Händlern angewiesen sind.

Bei deutschen und anderen traditionellen Herstellern rächen sich nun das jahrelange Hinauszögern und die Halbherzigkeit bei den disruptiven neuen Technologien.[75] Weder wurden ausreichend Investitionen getätigt, um sich auf die neuen Technologien ausreichend vorzubereiten, geschweige denn führend zu sein, noch glaubt man an die Bedeutung dieser neuen Technologien. Softwareprobleme, mit denen unter anderem Volkswagens neues Elektroauto-Flaggschiff ID.3 zu kämpfen hat, beeinträchtigen das Unternehmensergebnis. Mit der Coronavirus-Krise verlieren alle Unternehmen Geld. Geld, das ihnen bei der Investition in diese kapitalintensiven Technologien wie Elektroautos und autonomes Fahren fehlt.

Elektroautos

Es gibt eine große Ausnahme zu dem vorher Gesagten: Elektroautos. Hier finden sich überraschende Zahlen aus Deutschland, den USA und China. In Deutschland erreichten die Neuzulassungen von

Elektroautos trotz der Coronavirus-Krise ein Rekordniveau, wie anhand der Förderanträge bei der BAFA deutlich wird. Im März 2020 waren 12.365 für Fahrzeuge mit Batterieantrieb, Brennstoffzellen- und Plug-in-Hybridantrieb eingereicht worden.[76] Dazu beigetragen haben sicherlich auch die seit März geltenden erhöhten Förderungen von bis zu 6.000 Euro für rein batterieelektrische Fahrzeuge und bis zu 4.500 Euro für Hybridelektrofahrzeuge.

Vor allem ein Hersteller erlebt Verkaufssteigerungen zu einem Zeitpunkt, wo der weltweite Automarkt drastische Einbrüche erlebt. Und das ist der Elektroautohersteller Tesla. In China steigerte Tesla seit Jahresanfang die Auslieferungen kontinuierlich von 3.563 Autos im Januar auf 3.900 im Februar und 10.160 im März,[77] und das in einem Monat, wo der gesamte Automarkt 40 Prozent weniger Fahrzeuge verkaufte als im Vorjahresmonat. Teslas weltweite Quartalszahlen übertrafen auch die Analystenerwartungen. Mit 88.400 ausgelieferten und 103.000 produzierten Autos lag die Auslieferung um 40 Prozent höher als im Vergleichszeitraum des vorherigen Jahres.[78]

Wieso Tesla solche Steigerungen schafft, liegt auch an den digitalen Funktionen des Fahrzeugs. So können „kontaktlose" Probefahrten und Auslieferungen gemacht werden. Eine Probefahrt kann gebucht werden und dem potenziellen Kunden wird erklärt, wo er das Testfahrzeug finden und wie er es in Betrieb nehmen kann. Die Auslieferung findet in ähnlicher Weise statt. Das gekaufte Auto wird angeliefert und der Kunde per E-Mail verständigt. Die Übergabe findet per App ohne körperlichen Kontakt mit einem Verkäufer statt. Anleitungen, wie das Auto zu bedienen ist, werden über den Touchscreen im Fahrzeug als Video eingespielt.

Zur selben Zeit kämpft Volkswagen, der als einziger deutscher Hersteller vollständig auf Elektromobilität umsteigen will, mit Problemen an seinem Hoffnungsträger, dem ID.3. Tausende produzierte ID.3 warten darauf, dass sie die fertige Software aufgespielt bekommen. Bislang warten sie vergeblich. Diese Verzögerungen führen dazu, dass das Auslaufmodell e-Golf noch bis weit in den Herbst produziert werden muss, damit die Abgasziele der VW-Flotte eingehalten werden können.[79]

Gleichzeitig zeigen Umfragen ein deutlich gesteigertes Interesse an Elektroautos, seit die Ausgangssperren in Kraft getreten sind. Blauer Himmel und deutlich geringere Luftverschmutzungen haben 45 Prozent der Befragten einer Studie im Vereinigten Königreich zu Elektroautobefürwortern gemacht, weitere 19 Prozent bezeichneten sich bereits als Elektroautoanhänger. Von den neuen Befürwortern wollen zwei Fünftel als nächstes Auto ein Elektroauto anschaffen, der Rest in den nächsten fünf Jahren.[80]

Am Ende des Jahres 2020 zeigte sich dann, wie stark Tesla und andere Elektroautohersteller von der Krise profitieren sollten. Die Neuzulassungen reiner Elektroautos in Deutschland verdreifachten sich im Vergleich zu 2019 auf fast neun Prozent aller Neuzulassungen, wobei Tesla zum ersten Mal eine halbe Million Fahrzeuge produzierte und sich gleichzeitig der Börsenwert des kalifornischen Autoherstellers auf über 800 Milliarden Dollar vervierfachte. Damit war Tesla so viel wert wie die nächsten neun Hersteller zusammengenommen. Unter den fünf wertvollsten Autoherstellern befanden sich mit Tesla, BYD und NIO gleich drei reine Elektroautohersteller. Während die Elektroautohersteller Rekordverkäufe meldeten, brachen über das ganze Jahr gesehen für die restlichen Hersteller die Absätze um bis zu 40 Prozent ein. Allein in Deutschland wurden 2020 in der Automobilindustrie mehr als 100.000 Stellen abgebaut. Der Wandel ist nicht nur durch die Krise nicht aufzuhalten, er wird sogar beschleunigt.

Autonome Autos

Nach Elektroautos ist die Entwicklung autonomer, also selbstfahrender Autos, die keinen Fahrer benötigen, einer der großen technologischen Anstrengungen unserer Zeit. Und obwohl die Skepsis über den Fortschritt vorherrscht, liegt die Marktreife dieser Technologie näher, als viele glauben. In Kalifornien haben aktuell 57 Unternehmen eine Lizenz, die ihnen das Testen autonomer Fahrzeuge auf allen öffentlichen Straßen erlaubt. Diese Unternehmen betreiben um die 700 Fahrzeuge, die vor allem im Silicon Valley unterwegs sind. Ähnliche

Regulierungen haben weitere 28 US-Bundesstaaten, und rund 1.400 autonome Fahrzeuge fahren unter diesen Programmen.

Bislang schreiben die meisten Regulierungen Sicherheitsfahrer vor, die jederzeit im Fahrzeug anwesend sein müssen, um im Notfall die Kontrolle darüber übernehmen zu können. Eine Handvoll Hersteller, darunter Waymo, GM Cruise, Zoox, Voyage oder Lyft/Aptiv, fährt bereits mit Passagieren als Robotaxiservice in ausgewählten Regionen. Wegen der Vorschriften zum Social Distancing während dieser Pandemie haben die Unternehmen ihre Testfahrten vorübergehend eingestellt, um Mitarbeiter und Passagiere nicht zu gefährden.

Es gibt allerdings Ausnahmen: unter anderem Waymo und Nuro.ai. Waymo ist die einzige Firma, die in Arizona und Kalifornien die Erlaubnis hat, autonome Autos ohne Fahrer oder überhaupt ohne Person an Bord auf öffentlichen Straßen zu betreiben. Nuro wiederum transportiert ausschließlich Waren. Seine Lieferroboter dürfen – als erstes Unternehmen – am öffentlichen Straßenverkehr teilnehmen. Die meisten anderen Lieferroboterhersteller fahren auf Bürgersteigen und teilen sich den öffentlichen Raum mit Fußgängern.

Im Verlauf des Jahres kamen gleich mehrere Hersteller hinzu, die ab sofort auch ohne Sicherheitsfahrer in Kalifornien fahren durften. Und Waymo nahm einen kommerziellen und fahrerlosen Robotaxidienst in Phoenix in Betrieb. Man sieht schon, das Krisenjahr 2020 hat auch dieser Technologieentwicklung zu einer unerwarteten Beschleunigung verholfen.

Landwirtschaft

Die Jahreszeiten und damit der landwirtschaftliche Zyklus kümmern sich nicht um Pandemien. Felder müssen bearbeitet und Ernten eingefahren werden. Die Hochsaison beim Spargelstechen hatte während der ersten Welle gerade begonnen, danach folgte die von Erdbeeren, Frischgemüse und Getreide. Ohne Erntehelfer würde der Großteil davon auf den Feldern verrotten.[81]

Auch wenn die Landwirtschaft als Wirtschaftszweig nicht mehr 80 Prozent und mehr der Bevölkerung beschäftigt wie noch vor etwas mehr als hundert Jahren, sondern weniger als zwei Prozent, kommt ihr doch die wichtige Aufgabe der Grundversorgung mit Lebensmitteln zu.

Manche Aufgaben können trotz der Ausgangssperren nicht aufgeschoben werden. Kühe müssen gemolken und gefüttert, Eier eingesammelt und Nutztiere versorgt werden. Der Agrarbereich hat schon ab Mitte des 18. Jahrhunderts eine erste Mechanisierung erlebt, als Erfindungen wie die Sense die Sichel ablösten und Heuwender und mechanische Pflüge zum Einsatz kamen. Heute sehen wir autonome Traktoren und Erntefahrzeuge, Pflanz- und Ernteroboter, die selbstständig Äpfel klauben, Saatgut ausstreuen oder Unkraut jäten, und Drohnen, die präzise Pestizide versprühen, alles gesteuert vom Bauern, der in seiner Kommandozentrale die landwirtschaftlichen Hightech-Geräte überwacht und koordiniert.

Der Druck, hier noch mehr zu automatisieren, wird nicht nachlassen. Alles, was Robotik, KI oder die Datenanalyse betrifft und zu einem effizienteren Einsatz von Ressourcen wie Düngemittel, Wasser und Saatgut führt, wird zu mehr Businesschancen für Unternehmen führen.

Tourismus & Geschäftsreisen

Noch immer haben Tourismus und Dienstreisen wegen Reisebeschränkungen und Ausgangssperren weltweit einen Stillstand erreicht. Die Vermietungsplattform Airbnb hat einen Einbruch der Buchungszahlen von wöchentlich fast 600.000 in den USA auf weniger als 240.000 erlitten.[82] War damit anfänglich ein milliardenschwerer Verlust für das erste Halbjahr vorhergesagt worden und schien der anvisierte Börsengang geplatzt, so schaffte Airbnb entgegen aller Unkenrufe die Umkehr und legte einen erfolgreichen Börsengang hin.

Airbnb schüttelte neue Dienstleistungen aus dem Ärmel und begann damit, sich neue Einnahmequellen zu erschließen. Anfang April 2020 schickte das Unternehmen E-Mails an Kunden, in denen es seine neuen Online Experiences vorstellte. Das Unternehmen hat gezeigt, wie man agil auf solche Situationen reagieren kann.

Abbildung 18: Airbnb Online Experiences

Nach Aufhebung der Beschränkungen ist mit einigen Auswirkungen zu rechnen. In manchen Ländern könnten bis zu 30 Prozent der Tourismusbetriebe pleitegehen und die überlebenden Betriebe werden anfänglich eine geringere Auslastung haben als zu normalen Zeiten.

Unsanfter Tourismus wie Kreuzfahrten – die sich auch als Hotspot für die Verbreitung des Coronavirus erwiesen haben – wird in den nächsten Jahren vermutlich leiden und Kapazitäten abbauen müssen. So lange zumindest, wie es keine Impfungen und Gegenmittel gegen Covid-19 gibt. Zwar werden die Kosten solcher Reisen sinken, doch ist mit einem Shift zu alternativen Tourismusformen zu rechnen.

Da beliebte Urlaubsziele wie Italien oder Spanien vom Virus besonders betroffen waren, wird es einige Zeit dauern, bis dort der Tourismus wieder das Vorkrisenniveau erreicht. Hingegen wird der Lokaltourismus zunächst mehr nachgefragt werden. Insgesamt wird der Bedarf an touristischen Angeboten größer, weil die Menschen das Gefühl des Eingesperrtseins überwinden wollen und einiges nachzuholen haben.

Bei Dienstreisen wiederum ist mit einem niedrigeren Niveau über einen längeren Zeitraum zu rechnen. Die meisten Unternehmen haben mit der erzwungenen Umstellung auf Homeoffice ihre digitalen Kapazitäten aufrüsten müssen und Videokonferenzwerkzeuge sind zum Standard geworden, was viele Dienstreisen überflüssig macht. Das Risiko, dass sich Mitarbeiter auf einer Dienstreise anstecken, ist für viele Unternehmen aus Versicherungsgründen zu groß. Facebook erlaubt seinen Mitarbeitern, bis Ende 2021 vom Homeoffice aus zu arbeiten.

Viele Konferenzen und Veranstaltungen finden mittlerweile im Internet statt. Microsoft beispielsweise hält all seine Konferenzen bis 2021 nur noch virtuell ab. Wir werden hier verstärkt Innovationen in den Formaten und Technologien virtueller Veranstaltungen sehen, die die physische Konferenzerfahrung emulieren oder neue Erfahrungsmomente erlauben.

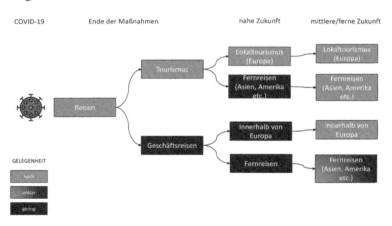

Abbildung 19: Einschätzung der zukünftigen Entwicklung von Tourismus und Geschäftsreisen

Es scheint allerdings zu einem aufgestauten Reisebedürfnis gekommen zu sein. Nach mehr als einem Jahr zwischen Lockdowns und Öffnungen und eingeschränkter Reisefreiheit scheint der Drang, endlich wieder reisen zu können, größer denn je. Viele werden das Reisen vermutlich nicht mehr aufschieben wollen, weil sie bemerkt haben, wie fragil die Gesundheit und das Leben sein können. Es könnte nach dem Ende der Pandemie sogar zu einem absoluten Reiseboom kommen, bei dem die Menschen die verpassten Jahre nachholen wollen.

Luftfahrt

Alle Fluglinien brauchen Staatshilfe, da 95 Prozent der Flüge eingestellt wurden und die Bargeldreserven beschränkt sind.[83] Welche Fluglinien ein Hilfspaket in Anspruch nehmen dürfen, sollte vom Verhalten der Unternehmensleitung abhängig gemacht werden. So haben viele amerikanische Fluglinien (United Airlines als ein Beispiel) nur wenig Reserven, weil sie die vergangenen Jahre ihre Gewinne für Aktienrückkäufe, also für die Steigerung des Aktienpreises und damit der eigenen Vorstandsboni, verwendet haben.

Reinigung & Hygiene

Anfang März 2020, als die Coronavirus-Krise sich anzukündigen begann, lernte ich die Geschäftsführer einer deutschen Mittelstandsfirma im Reinigungs- und Hygienebereich kennen. Sie hätten fast ihre Reise ins Silicon Valley absagen müssen, weil sich die Anfragen zu Reinigungs- und Desinfektionsmitteln über Nacht vervielfacht hatten.

Mit der Notwendigkeit, neue Hygienestandards zu adaptieren, wird diese Industrie vermutlich wachsen und zu einem essenziellen Service werden. Diese Bereiche werden somit auch verstärkt der Innovation unterworfen sein. Neue Ideen sind notwendig, um den Reinigungszustand besser analysieren und dokumentieren zu können. Fluoreszierende Zusatzstoffe in Reinigungsmitteln, die gereinigte Flächen durch AR-Brillen oder Lichtquellen leichter erkennbar machen, sind nur eine Möglichkeit. Auch was die Duftnoten der Mittel betrifft, gibt es viel Potenzial. Da viele Parfümhersteller ihre Produktionslinien während der Krise auf Reinigungsmittel umgestellt haben, könnten Ideen sich auch hier gegenseitig befruchten.

Ebenso wird die Automatisierung von Reinigungsdienstleistungen in den Vordergrund treten. Während der Coronavirus-Krise fanden sich beispielsweise Lkw-Fahrer, die lebensnotwendige Lieferfahrten durchführten, vor der Herausforderung, dass auf Autobahnen die Rasthöfe zwar geschlossen, die Toiletten aber offen zugänglich waren. Nur: Es fand keine Reinigung der Toiletten mehr statt, was zu einer entsprechenden Verschmutzung und einem schlechten Hygienezustand geführt hatte.[84]

Somit ist der auf einer KI- und Robotik-Veranstaltung in Berkeley vorgestellte Toilettenreinigungsroboter, der Prototyp des Start-ups SOMATIC, ein interessanter und notwendiger Ansatz.[85] Auch Sanitärroboter, wie sie in China während des Lockdowns zum Einsatz kamen, sind hilfreich.[86] In der am schlimmsten betroffenen Stadt Wuhan sprühten sie Desinfektionsmittel auf die Straßen.

Abbildung 20: Ein Sanitärroboter versprüht Desinfektionsmittel während der Coronavirus-Krise in Wuhan, China

Was die persönliche Hygiene betrifft, zeigen gerade die Hamsterkäufe von Klopapier, dass auch diese Dinge in Krisenzeiten nicht selbstverständlich zur Verfügung stehen. Das Bidet und die japanische

Toilette mit allem Luxus könnten nun gesteigertes Interesse wecken. Auch Lösungen wie die von Shine, die einem Duftstein mit Elektronik und App entspricht, könnten verstärkt auf den Markt drängen.[87]

Immobilien & Bauwirtschaft

Nach wochenlangem Arbeiten von zu Hause wird es in den Unternehmen zu einem Umdenken bei Büroimmobilien kommen. Brauchen wir diese wirklich? Können wir die Kosten dafür sparen, wenn wir nicht für jeden Mitarbeiter einen Arbeitsplatz benötigen? Diese Diskussionen finden bereits jetzt statt. Unternehmen, deren Mietverträge vor der Verlängerung standen, haben sich entschieden, diese nicht zu verlängern. Es ist zu erwarten, dass es zu einem Wertverfall und größerem Leerstand von Büroimmobilien kommen wird.

Umgekehrt werden kurzfristig anmietbare Büros wie Co-Working-Spaces einen Boom erleben, langfristig eine Reihe von neuen Workspace-Lösungen wie gemischte Café-&-Office-Angebote. Selbst der passionierteste Homeoffice-Worker braucht gelegentlich einen Besprechungsraum oder Büroinfrastruktur, die man zu Hause nicht hat. Selbst Hotels boten während der Krise Zimmer als Büros an oder für systemrelevante Mitarbeiter, die sich wegen der Ansteckungsgefahr von ihrer Familie isolieren wollten.

Gleich mehrere meiner Bekannten in den USA beschlossen schon 2020, andere 2021, ihre Wohnung aufzugeben und ihren Besitz entweder zu verkaufen oder in ein Lager zu transferieren, um 12 bis 18 Monate durch das Land zu ziehen, einen Monat hier, ein paar Wochen dort ein Haus zu mieten und von dort remote zu arbeiten. Auch andere zogen aus den teuren Regionen weg, was beispielsweise in San Francisco zu einem Mietpreisverfall von bis zu 25 Prozent geführt hat.

Für die Immobilien- und Baubranche werden weitere Anforderungen ersichtlich, und das hat mit der Roboterisierung vieler Leistungen zu tun. Immobilien müssen nicht nur behindertengerecht werden, sondern auch robotergerecht. Wie wir in Krankenhäusern und Pflegeheimen gesehen haben, werden verstärkt Roboter eingesetzt, die

Essens- und Medikamentenlieferungen an Patienten, Pflegebedürftige und Menschen mit Immunschwächen durchführen. Lieferroboter sind bereits im Einsatz, um Waren aller Art zu transportieren, Reinigungsroboter, um Objekte zu reinigen. Gebäude und Straßen müssen in Zukunft diese neue Kategorie als Benutzer erlauben. Es ist somit vorauszusehen, dass Anpassungen der Bauvorschriften und bestehender Bauten vorgenommen werden müssen.

Und der Trend in der Bauwirtschaft, dass sukzessive mehr Aufgaben von Technologie übernommen werden, wie die Inspektion des Baufortschritts durch Drohnenüberflüge oder Roboter, autonome Bagger, Ziegellegemaschinen, der Einsatz sensorbestückter Baumaterialien et cetera, wird sich fortsetzen.

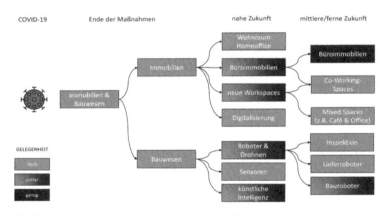

Abbildung 21: Einschätzung der zukünftigen Entwicklung von Immobilien & Bauwesen

Handel

Supermärkten kam in der Coronavirus-Krise eine lebenswichtige Aufgabe zu. Sie stellten die Versorgung der Bevölkerung mit dem Lebensnotwendigen sicher. Was die Bevölkerung als lebensnotwendig sah, unterschied sich von Land zu Land. In heimischen Gefilden zählten dazu Pasta und Klopapier, in den USA Waffen und Munition und in Frankreich Rotwein und Kondome. Die waren dort nämlich alle ausverkauft.

Welche Läden auch immer offen waren, sie offenbarten die Probleme und Risiken. Kassierer, Regaleinschlichter und andere Berufe, die die Supermärkte selbst versorgen und am Laufen halten, sind einer Gefährdung ausgesetzt. Es gibt an den Kassen beispielsweise keine Trennwände, die vor Infektionen schützen. Auch Masken oder Schutzkleidung waren für diese Mitarbeiter eigentlich nicht vorgesehen.

Abbildung 22: Einbahn- und Abstandsweiser im Supermarkt

Eine Reihe von Supermärkten führte neue Dienstleistungen und Schilder ein. So standen bei den Einkaufswagen Mitarbeiter, die mit Sanitärmitteln die Griffe desinfizierten. Am Boden waren Einbahnregulierungen und Abstandsmarkierungen angebracht.

Sogar Ampeln wurden angebracht, um die Anzahl der Personen im Laden zu beschränken.[88]

Auf den Umstieg auf Online-Bestellungen und -Lieferungen waren traditionelle Einzelhändler nicht eingestellt. Entweder brachen ihre Websites und Apps unter dem Ansturm zusammen oder waren frustrierend schwierig zu bedienen. Kein Wunder, dass Amazon mit seiner erprobten und hoch skalierbaren Plattform der große Gewinner der Krise ist. In den USA allein schrieb Amazon mitten in der Krise mehr als 500.000 Stellen für die zentralen Warenhäuser und Auslieferungen aus. Gleichzeitig zeigte sich, wie weit traditionelle Supermärkte technologisch hinterherhinken. Walmarts Online-Shop zeigte Produkte an, die gar nicht verfügbar waren, ohne das den Kunden mitzuteilen, und stornierte nach mehreren Tagen die Bestellung kommentarlos.

Abbildung 23: Amazon-Go-Supermarkt in San Francisco auf der California Street

Während andere auf Lowtech wie Ampeln und Aufkleber setzen, bringt Amazon Hightech ins Spiel. Die Amazon-Go-Läden, in denen es keine Kassierer mehr gibt, stattdessen jede Menge Technologie, die die vom Kunden in den Wagen gelegte Ware identifiziert und somit den Kontakt zum Personal auf ein Minimum reduziert, zeigen, wo die Zukunft liegt.

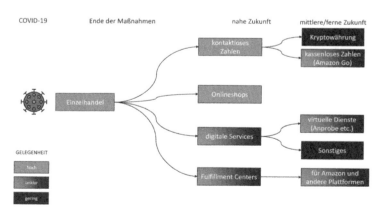

Abbildung 24: Einschätzung der zukünftigen Entwicklung des Einzelhandels

Händler abseits von Supermärkten und Lebensnotwendigem müssen sich etwas einfallen lassen für zukünftige Krisen – in welcher Form auch immer. Spezialisierte Zustellservices haben sich mittlerweile für Nahrungsmittel, Fahrräder und sogar Autos (Tesla) etabliert. Zwar haben Online-Händler, die wie Stitch Fix beispielsweise persönliche Styling- und Bekleidungsdienstleistungen per Abonnement anbieten, zu kämpfen, aber sie könnten nach der Krise von verstärktem Interesse profitieren.

Versicherungsgeschäft

Eine bekannte deutsche Versicherungsgesellschaft hatte vor drei Jahren ein Aha-Erlebnis, als sie während einer Silicon-Valley-Tour einer jungen baltischen Start-up-Gründerin begegnete, die eine an junge Menschen gerichtete Versicherungs-App bereitstellte, mit der in wenigen Minuten online eine (Fahrrad-, Reise-, …)Versicherung abgeschlossen werden konnte. Nicht nur war das bei der großen deutschen Versicherung nicht möglich (dort dauerte dieser Prozess nach wie vor Wochen), das junge Start-up war darüber hinaus in der Stadt, wo die Firmenzentrale lag, tätig, ohne dass der Vorstand davon gewusst hatte.

Man würde meinen, gerade Versicherungen (und Finanzinstitutionen) wären Vorreiter der Digitalisierung, wenn man deren Dienstleistungen und den notwendigen Einsatz von IT-Infrastruktur betrachtet. Doch „lieb" gewonnene Prozesse und die Mitarbeiter, die sich damit befassen, sowie das Bonussystem erweisen sich als Innovationshemmer.

Erst die Coronavirus-Krise ermöglichte – gezwungenermaßen – die virtuelle Schadensaufnahme beim TÜV Nord. Die Organisation ermöglicht Autohäusern und Werkstätten nun Sofortgutachten, wo Schäden an einem Fahrzeug per Video aufgenommen, begutachtet und bewertet werden können.[89]

Energie

Die *New York Times* hat eine Analyse zum Einbruch des Energieverbrauchs in den einzelnen von Corona betroffenen Ländern vorgenommen.[90] Bis zu einem Viertel sank der im besonders schwer betroffenen Italien. Im Durchschnitt hat sich in Europa der Energieverbrauch während der Krise um 13 Prozent verringert.

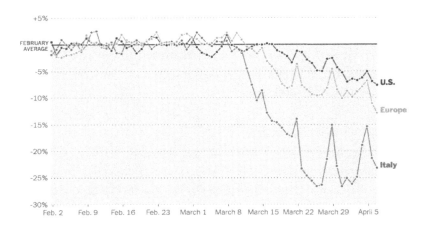

Abbildung 25: Stromverbrauch in den USA, Europa, Italien

Damit einhergehend sank der Ölpreis auf ein Rekordniveau. Das Barrel lag bereits Mitte April teilweise unter 30 US-Dollar und fiel am 20. April auf einen negativen Preis. Zum Vergleich: Zum Beginn des Jahres lag der Preis pro Barrel West Texas Intermediate (WTI) noch bei 60 Dollar. Öl fördernde Länder mussten ihre Förderung massiv drosseln, die Öllager quellen über, selbst die Tankschiffe sind alle voll. Der Ölmarkt ist mehr oder weniger zusammengebrochen.[91]

Für das ganze Jahr 2020 meldeten dann alle Erdölfirmen Rekordverluste in Milliardenhöhe. Exxon Mobil -22,4 Milliarden Dollar, Chevron -5,5 Milliarden Dollar, BP -5,7 Milliarden Dollar und Royal Dutch Shell -21,7 Milliarden Dollar.[92]

Zugleich fiel zwar auch der Kohlepreis, wurde dank billigen Öls aber für die Energieerzeugung unwirtschaftlich. Weil auch Stahlwerke die Produktion einstellen mussten, wird auch dort momentan keine Kohle nachgefragt.

Die Auswirkungen sind – je nach Gesichtspunkt – wunderbar oder furchtbar. Wunderbar, weil weniger fossile Brennstoffe gefördert oder verbraucht werden und damit die Umwelt eine unerwartete Ruhepause bekommt. Auch, weil man den blauen Himmel, der in Städten wie Delhi, Sao Paulo oder Bangkok für gewöhnlich komplett versmogt ist, plötzlich wieder erkennen kann. Wunderbar auch, weil damit genau den ölreichen Regimen die Finanzierungsgrundlage entzogen wird, mit der sie sich an der Macht halten konnten.

Furchtbar, weil viele Menschen an den Einnahmen fossiler Brennstoffe gut verdienen oder abhängig davon sind. Und weil damit Regierungen, die sich nur dank der Öleinnahmen an der Macht halten konnten, nun vor Umwälzungen stehen. Damit wird die politische und wirtschaftliche Situation in Ländern wie Russland, dem arabischen Raum oder Brasilien unsicher.

Generell ist damit zu rechnen, dass fossile Brennstoffe weniger nachgefragt und hochpreisige Förderungsmethoden wie Kanadas Ölsandextraktion unwirtschaftlich werden.

Gesundheitsversorgung

Wie schon immer steht der Gesundheitsbereich an vorderster Front in Krisensituationen. So auch diesmal und gerade wegen der Pandemie. Der Unterschied zu anderen Notfallsituationen ist aber die ungewisse Dauer des Ausnahmezustands und die Ansteckungsgefahr durch das Virus, das medizinisches Personal besonders stark trifft. Die entsprechende Ausrüstung mit Schutzkleidung für medizinisches Personal und ausreichend viele Test-Kits sind damit zur obersten Priorität in den meisten Ländern geworden. Nicht alle meistern diese Aufgabe, wie wir an den USA sehen, einem der reichsten Länder der Welt.

Angesichts der Überfüllung der Notaufnahmen und Intensivstationen mit Covid-19-Patienten fragte ein New Yorker Arzt überrascht: „Wo sind denn all die Herzinfarkte und Schlaganfälle hin? Die sind seit Beginn der Krise aus unseren Krankenhäusern verschwunden."[93]

Wie aber ist der Zustand des Gesundheitssystems generell? Der stellvertretende Chefredakteur des *Handelsblatts*, Sebastian Matthes, brachte es dieser Tage in seinem Kommentar „Corona legt Deutschlands digitale Defizite schonungslos offen" auf den Punkt:[94]

> *Beispiel Gesundheit. Gerade in den Notaufnahmen der Kliniken geht es bei vielen Entscheidungen um Sekunden, vor allem bei der Kommunikation mit Rettungsdiensten. Doch viele dieser Prozesse kommen erst in Gang, wenn ein Fax eingegangen ist. Seit Jahren wird über elektronische Gesundheitsakten und Rezepte gesprochen – „tatsächlich aber hat das Faxgerät dort immer noch eine herausragende Bedeutung", sagte der Chef der Essener Uniklinik, Jochen Werner [...]. „Wenn wir das Gesundheitswesen konsequenter digitalisiert hätten, würde uns der Kampf gegen Corona jetzt leichter fallen."*

Auch die Schweiz steht nicht besser da. Das Bundesamt für Gesundheit (BAG) war so überfordert mit der eintrudelnden Papierflut, dass es mit dem Zählen nicht nachkam. Auch hatte man tagelang übersehen, dass das Papier im Faxgerät zu Ende gegangen war, und erhielt keine Meldungen. Wie löste man das Zählproblem? Mit ganz modernen Mitteln: Einerseits bezog man die Zahl der Todesfälle von Wikipedia, andererseits legten die Mitarbeiter den Formularstapel mit den gemeldeten Fällen auf eine Waage, um auf diese Weise die Fälle abzuschätzen. Es ist nicht bekannt, ob die Waage digital war.

In den USA wiederum passierte es, dass die Angehörigen einer New Yorker Patientin, als diese endlich von der Ambulanz abgeholt und auf die Intensivstation verlegt worden war, sie mehrere Tage lang nicht finden konnten. Auch hier lag das neben der Überlastung des Systems an der fehlenden digitalen Patientenakte. Die Angehörigen der 73-Jährigen konnten somit auch nicht verständigt werden, als sie noch am selben Tag am Coronavirus starb.[95]

Telemedizin und Online-Apotheken

Ärzten geht es aktuell wie Lehrern. Wenn die Menschen nicht in die Praxis oder Klinik kommen können, warum kommt die Klinik nicht zu ihnen?[96] Mit einem Schlag ist Telemedizin für jeden praktizierenden Arzt eine Notwendigkeit geworden. Eine Reihe von Unternehmen bietet Lösungen an, damit Mediziner mit Patienten virtuelle Termine wahrnehmen können.

So ermöglicht die Plattform TeleClinic Arztgespräche, Rezepte und die Krankschreibung per App in Minuten.[97] Medikamente können bei der Apotheke abgeholt oder von dort zugestellt werden. Videosprechstunden und den Zugriff auf die digitale Gesundheitsakte bieten andere Apps wie drd (doctors recommended by doctors) aus Österreich.[98] Das Beste daran? Das lange Sitzen im Wartezimmer hat ein Ende und es gibt keine Ansteckungsgefahr. Auch die Krankenversicherungen erwärmen sich für solche Apps und Plattformen und erkennen sie als billigere und effizientere Weise, Arzttermine zu absolvieren. Was jahrelang mit fadenscheinigen Ausreden als nicht umsetzbar und nicht vorschriftsgemäß abgelehnt wurde, ist nun möglich.

Auch dass Medikamente nun online versandt werden dürfen und nicht beim Apotheker zwei Straßen weiter abzuholen sind, ist nicht selbstverständlich.[99] Jahrelang kämpften Online-Apotheken mit Widerstand von ansässigen Apothekern und Regulierungsbehörden. Zwei Wochen Ausgangssperre und jeder bemerkt, wie sehr das Verhalten der bisherigen Nutznießer den Fortschritt behinderte und besserem Kundenservice entgegenstand. Die Argumente sind dieselben wie in anderen Branchen: Kunden wollen doch „beraten" werden und brauchen den „persönlichen Service". Wer war kürzlich in einem Videoverleih und ließ sich „beraten", welchen Film er sich am Samstag ansehen sollte?

Während sich diese Apps und Plattformen zumeist auf ein Ärztegespräch und das Ausfüllen von Formularen beschränken, arbeiten andere an weiteren Ferndiagnosemöglichkeiten. Das israelische Start-up Vayyar entwickelt medizinische Geräte, Elektroden in Sitzen und biometrische Sensoren, die, in einer mobilen Klinik in Form eines autonomen Fahrzeugs eingebaut, bei Passagieren die Atmung, den Blutdruck und andere Vitalfunktionen überprüfen.

Regulierungen

Möglich ist das alles aber auch durch die spezielle Situation geworden, die jahrzehntelang geltende Vorgehensweisen und Regulierungen über den Haufen geworfen hat. In den USA ist es nun möglich, dass in einem US-Bundesstaat niedergelassene Ärzte dank dieser Plattformen ihre Leistungen nun über die Grenzen von Bundesstaaten hinweg anbieten können. Auch wurde die amerikanische Vorschriftensammlung HIPAA, die unter anderem die elektronischen Gesundheitsakten reguliert, aufgeweicht, da die schlechte Vorbereitung vieler Ärzte auf diese Ausnahmesituation die medizinische Grundversorgung unmöglich macht.[100]

Ebenso könnten sich Apps als Nachweis für Krankheiten etablieren. So hatte die Pornoindustrie bereits in der Vergangenheit von jedem Pornodarsteller verlangt, per App nachzuweisen, dass er in den letzten 14 Tagen negativ auf HIV getestet worden war. Per durch die App generiertes Passwort kann der Produzent auf das letzte Testergebnis des/der jeweiligen Darstellers/-in zugreifen.[101] Ein ähnliches Modell könnte in Zukunft bei exponierten Berufszweigen und beim Dating Standard werden.

Forschung

Ähnliches lässt sich bei der Impfstoffentwicklung beobachten. Schon bei der Ebolakrise und nun wieder beim Coronavirus gab und gibt es durch Behörden wie die U.S. Food and Drug Administration (FDA) oder die European Medicines Agency (EMA) genehmigte beschleunigte klinische Tests und Zulassungen, die in normalen Zeiten aufwendig, langwierig und kostspielig sind (aus guten Gründen natürlich). Hier ist Lernen angesagt, welche Schritte in der Zukunft zu normalen Zeiten die Zulassung sicherer neuer Medikamente beschleunigen können.

Gesundheitssystem

Gerade in Notzeiten erkennen wir, wie sehr der Staat in die Gesundheitsversorgung der Bevölkerung involviert sein muss. So wurden kurzerhand in einigen Ländern Privatkrankenhäuser verstaatlicht. Nicht zuletzt deshalb, weil diese sich weigerten, nicht notwendige Prozeduren wie Schönheitsoperationen abzusagen, weil diese hohe Gewinnspannen bieten, wohingegen notwendige OPs wie etwa bei einem Blasentumor abgesagt wurden, um mehr Kapazitäten für die Covid-Patienten zu haben.[102]

Die USA wiederum erleben, wie absurd die Bindung der Krankenversicherung an die Beschäftigung ist, wenn in nur wenigen Wochen eine Rekordzahl von fast 50 Millionen Menschen ihren Job verliert und damit auch die Krankenversicherung. Und das zu einem Zeitpunkt, wo eine Krankenversicherung über das Leben oder den Tod nicht nur eines Arbeitnehmers und der Angehörigen, sondern bei Infektionskrankheiten wie Covid-19 ganzer Nachbarschaften entscheiden kann.

Pflegeindustrie

Wie sehr wir auf Pflegekräfte unter anderem aus dem Ausland angewiesen sind, zeigt sich in der Coronavirus-Krise. Und Pflegekräfte sind besonders gefährdet, zu den ersten Opfern einer Pandemie zu werden. Sie arbeiten mit Menschen, deren Immunsystem stärker beeinträchtigt ist, die also eher erkranken und damit auch die Pflegekräfte anstecken.

Die Auswirkungen können fatal sein. In Spanien entdeckte das Militär bei der systematischen Desinfektion von Pflegeheimen tote Heimbewohner. Weil zu viele Pflegekräfte selbst erkrankt waren oder in ihre Heimat zurückmussten, waren die Pflegebedürftigen sich selbst überlassen worden.[103] Auch in den USA wurden in einem Pflegeheim in New Jersey 17 Tote entdeckt.[104] Trotz des seit Jahren bekannten Pflegekräftemangels ist man nicht bereit, Fachkräften mehr zu bezahlen. Das rächt sich auch in Deutschland in Krisenzeiten, wenn Betreuer und Pflegekräfte sich um ihre eigenen Familien, oftmals im eigenen Heimatland, kümmern müssen.[105]

Ausreichend Pflegekräfte auszubilden, sie besser zu entlohnen und mehr gesellschaftliche Anerkennung für diese Arbeit sind Mittel, um in Zukunft vorzusorgen. Mehr Automatisierung, um schwere Aufgaben wie das Heben oder Tragen eines Pflegebedürftigen zu erleichtern, wäre ebenfalls hilfreich. Hierzulande wird das als gefühllos angesehen, in Japan hingegen ist man da schon weiter. In der dortigen veraltenden Gesellschaft gibt man sich keiner Illusion mehr hin, dass man je ausreichend Pflegekräfte haben wird. Auch hilft der Shintoismus – der Glaube, dass selbst Dinge eine Seele besitzen. Roboter werden somit als etwas Beseeltes und Menschliches betrachtet und kommen in Altersheimen ohne Berührungsängste zum Einsatz. Das wird auch bei uns als notwendige Ergänzung erforderlich sein und muss vorangetrieben werden, um zukünftige Pflegenotstände zu vermeiden.

Psychische Gesundheit

Selbstmorde, Depressionen und häusliche Gewalt nach der langen Isolation könnten die nächsten Monate und Jahre ansteigen.[106] Italien will in den nächsten Wochen 150.000 Bürger untersuchen und ermitteln, wie stark die Isolation während der Krise die geistige Gesundheit der Menschen beeinträchtigt hat.[107] Dabei soll unter anderem gefragt werden, ob man sich einsam fühlt und wie viel Zeit man mit Nichtstun verbringt.

Medien, Kunst & Kultur

Die Diskrepanz zwischen dem Stellenwert von Medien, Kunst und Kultur und der pekuniären Wertschätzung der kreativen Menschen dahinter wird durch solch eine Krise deutlich wie selten zuvor. Die Leser- und Zuschauerzahlen bei Zeitungen und Fernsehen schießen in lange nicht erreichte Höhen. Gerade die traditionellen Medien werden von der Bevölkerung wieder verstärkt konsumiert, auch und gerade weil sie zuverlässige Informationen bereitstellen. Selbst junge Medien vervielfachen ihre Zugriffszahlen.[108]

Die Internetnutzung nahm, wie schon an anderer Stelle analysiert, ebenfalls zu, weil die meisten der traditionellen und Neuen Medien eben vor allem dadurch konsumiert werden.[109]

Zu den Verlierern zählten vorübergehend Podcasts. Diese werden vorwiegend beim Pendeln von und zur Arbeit gehört, und mit Ausgangssperren findet das nicht mehr statt. Deshalb berichten einige Podcaster von vorübergehend halbierten Zugriffszahlen.[110] Einige wenige Entertainer wachsen hingegen über sich hinaus. Während bei manchen sichtbar ist, dass sie mit der Zwangspause nicht glücklich sind und sie die Bühne vermissen, gibt es solche wie die Kabarettisten Niko Formanek oder Markus Barth (nicht zu verwechseln mit Mario Barth), die mit den Neuen Medien experimentieren. Niko Formanek, der relativ spät zum Kabarett kam, hat bereits vor etwa drei Jahren begonnen, seine Erfahrungen bei Auftritten (unter anderem bei Aida-Kreuzfahrten) mit Videos zu dokumentieren.[111] Dazu greift er unter anderem auf Gimbal (eine externe Bildstabilisierung für Kameras), Drohnen und Schnittsoftware zurück. Während der Coronavirus-Krise experimentierte er mit mehreren Formaten für Late-Night-Shows und Interviews aus seinem Wohnzimmer, wobei die „Sendungen" zunehmend professioneller wirkten. Moderatoren des öffentlich-rechtlichen Rundfunks, die nun auch von zu Hause arbeiten müssen, wirken im Vergleich dazu weniger sattelfest.

Generell muss erneut eine Diskussion darüber stattfinden, wie die Arbeit von Journalisten, Künstlern und Kreativen sich finanziell niederschlagen kann. Wir sehen, wie wichtig Medien, Kunst und Kultur für die Menschen sind, gerade in Zeiten starker Verunsicherung und im „Zwangsurlaub". Die Zugriffszahlen bei sozialen Medien, Streaming-Plattformen und Online-Veranstaltungen schießen in die Höhe, trotzdem lebt ein Großteil der Kulturschaffenden am Existenzminimum.

Printmedien, Rundfunk und Internetmedien verbuchen trotz erhöhter Nutzerzahlen Einbrüche bei den Werbeeinkünften. 40 Prozent und mehr Werbeinnahmeneinbrüche gefährden ihre finanzielle Sicherheit bei gleichzeitig erhöhtem Informationsbedarf der Öffentlichkeit.

Zwar haben einige Länder Hilfspakete für die Medien geschnürt, doch bringen sie diese verstärkt in die Abhängigkeit der Regierungen und somit in Interessenkonflikte mit der unabhängigen Berichterstattung. Es ist offensichtlich, dass wir über die finanzielle Sicherstellung dieser Kreativbranchen reden und dann handeln müssen.

Streaming-Plattformen

Die großen Gewinner der Krise sind Streaming-Plattformen. Disney+ beispielsweise vermeldete einen steilen Anstieg auf 50 Millionen Kunden. Viele Benutzer, die nun zu Hause eingesperrt sind, konsumieren mehr Inhalte, was zu mehr Bandbreitenverbrauch und Mehrkosten bei Cloud-Services führt, die Abonnentenpreise bleiben jedoch monatlich gleich und kalkulieren nicht den vermehrten Konsum ein. Zwar sparen die Streaming-Services aktuell Content-Kosten, weil alle Eigenproduktionen, für die beispielsweise Netflix angeblich 17 bis 18 Milliarden Dollar für 2020 budgetiert hat, eingestellt werden mussten, aber das bedeutet, dass das eigene Angebot damit ausdünnt und weniger attraktiv für die Abonnenten wird.

Auf der Verliererseite stehen eindeutig alle Sportkanäle. Weil alle Sportarten eingestellt worden sind, gibt es bis auf solche Straßenfeger wie die weißrussische Fußballliga und Aufzeichnungen alter Sportveranstaltungen keine Live-Übertragungen. Mit einer Ausnahme: E-Sport. Das sind Computerspiel-Wettkämpfe, wo die Player virtuell gegeneinander antreten und die Zuschauer per Live-Streaming teilnehmen, unabhängig von jeder Ausgangssperre.[112]

Sonstige Plattformen

Plattformen, die Dienstleistungen im Bereich Live-Veranstaltungen, Gastgewerbe oder Reisen bieten, kämpfen mit den Auswirkungen der Ausgangssperren. Das kulturelle Leben auf Bühnen und in Konzerthallen ist genauso wie Clubbing, Discos, Raves und wie sie auch immer heute heißen, zum Erliegen gekommen.

Selbst Bewertungsplattformen spüren die Auswirkungen. Yelp hat 1.000 Mitarbeiter entlassen und 1.100 in den unbezahlten Urlaub geschickt.[113] Dafür springen andere ein, die wie DoorDash, Abholhelden.de oder Uber Eats fertige Gerichte aus Restaurants zu Kunden bringen.

Plattformen für Kreative, die weder auftreten noch ihre Werke in Läden verkaufen können, bieten nun neue Möglichkeiten. In Österreich beispielsweise ist ein „Süpermarkt für die Kreativwirtschaft" mitten in der Krise online gegangen.[114] Das erinnert an die im englischsprachigen Raum schon länger bekannte Kreativwirtschaftsplattform Etsy.[115]

Autokinos

Die eigentlich schon ausgestorbenen Autokinos erleben durch die Pandemie ein Revival. Und warum auch nicht? Im geschlossenen Raum des eigenen Wagens wird einem die soziale Distanzierung ganz leicht gemacht.[116]

Was sind so die Filme, die Autokinos auf vielfachen Kundenwunsch zeigen? Unter anderem „Manta Manta", der Straßenfeger aus dem Jahr 1991 mit Til Schweiger.

Klima & Umwelt

Nicht nur für Sozial- und Wirtschaftswissenschaftler ist die Coronavirus-Krise ein unerwarteter globaler Feldversuch, der neue Daten und Erkenntnisse zu länderweiten Geldtransfers und Maßnahmen wie einem bedingungslosen Grundeinkommen noch auf Jahre hinaus bringen wird. Auch Umwelt- und Klimaforscher befinden sich in der unerwarteten Situation, live die Auswirkungen eines Wirtschaftsstopps auf die Umwelt zu beobachten und echte Daten zu erhalten.

Durch die Schließung von Fabriken und den Stopp von Straßen- und Flugverkehr sind weltweit die Schadstoffemissionen gesunken. Zum ersten Mal seit Jahrzehnten ist der Himmel über stark verschmutzten Städten in China, Polen oder Indien wieder strahlend blau.[117]

Die Präzision von Wettervorhersagen leidet allerdings darunter, denn die durch Tausende Passagierflüge gesammelten Daten zu Luftströmungen und Turbulenzen nutzen Meteorologen, um bessere Vorhersagen treffen zu können. Diese in zehn Kilometer Höhe erfassten Daten helfen, bessere Prognosen zu Unwetterfronten zu treffen.[118]

Die reduzierten Vibrationen, die durch Baustellen und Verkehr verursacht werden, lassen Erdbebenforscher auch leichtere, durch natürliche Erdbewegungen verursachte Schwankungen erfassen. So ist beispielsweise die seismische Aktivität in Brüssel nun um 30 bis 50 Prozent geringer als vor den Coronavirus-Maßnahmen.[119]

Doch es gibt auch Bestrebungen von Wirtschaftsvertretern, diese Krise als Grund zu nehmen, um Umweltschutzbestimmungen auszuhebeln. So fordern Automobil-Lobbyisten bereits die Aufhebung der CO_2-Flottengrenzwerte und der Dieselfahrverbote sowie die Aussetzung der CO_2-Steuer und die Einstellung der Förderung von der Autoindustrie unliebsamen Gruppen wie der Deutschen Umwelthilfe.[120]

Währenddessen machen Videos von Wildtieren die Runde, die die menschenleeren Städte und Häfen erkunden: Delfine in Venedig, Hirsche mitten in Paris, sich am Sandstrand vergnügende Dromedare und eine Gruppe von Seelöwen, die Straßen in Hafenstädten entlangwatscheln.

Städte

Die Bilder von menschenleeren Städten aus aller Welt haben einerseits Erschreckendes an sich, aber dadurch drängt sich auch die Frage auf, was wir eigentlich mit all dem Platz, der heute Autos gewidmet ist, für Menschen anstellen könnten.

In mehreren Städten in den USA und Europa beantworteten die Verantwortlichen diese Frage, indem sie Straßenzüge sperrten und zu Spielstraßen machten. Oakland und die Nachbarstadt Emeryville – wo Pixar zu Hause ist – sperrten Straßenzüge für den Verkehr, damit sich Kinder während des Lockdowns im Freien austoben können.[121] Auch in Wien wurden Straßenzüge für die spazierende Bevölkerung freigegeben.

Das Fahrrad war das einzige Verkehrsmittel, das an Nutzung während der Krise zulegen konnte, wie eine Analyse von Bewegungsdaten für Berlin ergab.[122] In der Schweiz schnellte der Fahrradgebrauch in die Höhe.

Die Auswirkungen auf Städtedesign und Verkehr beginnen sich abzuzeichnen. In der ersten Zeit nach der Öffnung wird vermehrt ein Design, das auf Social Distancing abzielt, zu sehen sein. Einkaufsstraßen und Shoppingmalls werden Rückgänge erleben, Online-Shopping hingegen wird zunehmend beliebter werden. Statt Individualverkehr wird der Lieferservice-Verkehr wegen Online-Bestellungen von Waren und Essen zunehmen. Dafür werden bestimmte bauliche Maßnahmen erforderlich.

Tatsächlich planen etwa Paris und Mailand, ihre Städte nach dem Lockdown fahrradfreundlicher zu gestalten. In Mailand beispielsweise sollen dafür 35 Kilometer umgebaut werden.[123] Seattle will 20 Kilometer an Straßen nur den Fahrradfahrern widmen, und Paris plant mehrere Fahrradschnellstraßen, die das Stadtgebiet durchqueren sollen. Als weitere Maßnahme sollen die Champs-Élysées und der Platz um den Triumphbogen großteils für den Autoverkehr dauerhaft gesperrt und zu Fußgängerzonen mit vielen Bäumen und Begrünungen werden.

Die Chance zur neuen Normalität

Hätten zu Anfang des Jahres Wissenschaftler oder Politiker gefordert, einmal für ein paar Tage alle Fabriken und Büros im Land zuzusperren, den gesamten Verkehr einzustellen und jedem Einwohner ein- oder mehrmals Beträge von mehreren Hundert Euro zukommen zu lassen, hätten wir sie in die Klapsmühle stecken lassen. Über Nacht ist genau das in beinahe 100 Ländern zur Realität geworden. Dank eines mit bloßem Auge unsichtbaren Feindes befindet sich seit Wochen die Welt mit Milliarden von Menschen in diesem größten Feldversuch der Geschichte. Ideologische Barrieren werden niedergerissen, unverrückbar scheinende Regeln außer Kraft gesetzt und Maßnahmen improvisiert, die einem Crashkurs in sozialem Ausgleich und digitaler Transformation gleichkommen.

Wir erleben unmittelbar, wie prekär die Lebenssituation vieler Menschen und Unternehmen ist und wo und wie groß die ideologischen und institutionellen Lücken sind, in solchen Krisen die negativen Auswirkungen abzufedern. Gleichzeitig manifestiert sich deutlich der Protest, wenn Unternehmensführungen, die in der Vergangenheit durch extreme Steuer- und „Managementboni-Optimierung" sowie Kritik am Staat aufgefallen sind, nun besonders lautstark um Hilfe schreien.

Zwei Kategorien von Arbeitnehmern wurden deutlich. Solche, auf die wir auch in einer Krisenzeit angewiesen sind und die als „systemrelevant" bezeichnet werden, und jene, die zu Hause bleiben sollen. Die Ironie ist, dass die systemrelevanten Berufe diejenigen sind, die in vielen Bereichen benachteiligt und oftmals wenig angesehen sind sowie in der Vergangenheit das Ziel von Einsparungsmaßnahmen waren. Die nicht systemrelevanten Arbeitnehmer haben es entweder besonders schwer, weil sie nicht nur von zu Hause arbeiten, sondern sich auch um ihre Kinder kümmern müssen und ihre Tagesstruktur und irgendwie den Halt und Sinn in ihrem Leben verloren haben, oder sie können nun endlich Dinge erledigen, die im Alltag oft liegen geblieben sind.

Wie auch immer diese Zeit erlebt wird, ein Zurück zur alten Normalität wird es nicht geben. Der aktuelle „Feldversuch" zeigt deutlich auf, was im alten System schlecht lief und unfair war, und gibt Menschen nun Zeit, darüber zu reflektieren, welche Dinge im Leben wirklich von Wert sind. Die Erfahrung, dass diese Werte ohne Kompromisse in einer neuen Normalität nach dem Ende der Krise gelebt werden können, ist vermutlich die größte positive Chance für unsere Zukunft nach der Pandemie. Menschen, Unternehmen, Technologien oder Geschäftsmodelle, die diese neue Normalität verwirklichen können, werden am meisten davon profitieren. Jeder von uns hat es in der Hand, dazu beizutragen, sei es, dass man sich für ein bedingungsloses Grundeinkommen einsetzt, Lieferroboter mitentwickelt, sich für das Überleben der Regionalwirtschaft einsetzt oder sich mehr Zeit für sich und seine Mitmenschen nimmt. Eine globale Krise wird zur lokalen Chance für mehr Menschsein.

Endnoten

Einleitung

1. Ulrike Herrmann; Deutschland, ein Wirtschaftsmärchen, Westend, 2019
2. Flattening A Pandemic's Curve: Why Staying Home Now Can Save Lives – https://www.npr.org/sections/health-shots/2020/03/13/815502262/flattening-a-pandemics-curve-why-staying-home-now-can-save-lives
3. How Governments Respond to Pandemics Like the Coronavirus – https://www.newyorker.com/news/q-and-a/how-governments-respond-to-pandemics-like-the-coronavirus
4. How some cities ‚flattened the curve' during the 1918 flu pandemic – https://www.nationalgeographic.com/history/2020/03/how-cities-flattened-curve-1918-spanish-flu-pandemic-coronavirus/
5. Paul Krugman, Notes on Coronacoma Economics, March 31, 2020 – https://www.gc.cuny.edu/CUNY_GC/media/LISCenter/pkrugman/Notes-on-Coronacoma-Economics.pdf
6. https://www.nytimes.com/2012/02/19/magazine/shopping-habits.html
7. Psychische Folgen: Junge Menschen kommen weniger gut mit dem Lockdown klar – https://www.spiegel.de/gesundheit/psychologie/coronavirus-auswirkungen-des-corona-lockdowns-auf-die-psyche-a-2ba964d0-1538-45a9-ba88-c7581c924674
8. https://twitter.com/CNBC/status/1248425968529821696

KAPITEL 1:
Vorgehensweise

9 Taleb Says ‚White Swan' Coronavirus Was Preventable – https://www.bloomberg.com/news/videos/2020-03-31/nassim-taleb-says-white-swan-coronavirus-pandemic-was-preventable-video

10 Levy, A. (1986) Second-order planned change: Definition and conceptualization, Organisational Dynamics, Vol, 15, Issue 1, pp. 5, 19-17, 23

11 Leon S. Moskatel, David J.G. Slusky; Did UberX Reduce Ambulance Volume? Oktober 2017, http://www2.ku.edu/~kuwpaper/2017Papers/201708.pdf

12 https://www.fastcompany.com/90154519/10-new-principles-of-good-design

KAPITEL 3:
Vorhersagen

13 Richard Florida, Rana Florida; Coronavirus is crushing the economy. Here's how to bring it back to life – https://www.fastcompany.com/90486191/coronavirus-is-crushing-the-economy-heres-how-to-bring-it-back-to-life

14 Sascha Lobo: Gesellschaften in der Krise Corona demaskiert – https://www.spiegel.de/netzwelt/netzpolitik/coronakrise-in-der-gesellschaft-der-horror-unter-den-masken-a-d3caba7b-a284-4078-b382-57f028b5dea0

15 „Ich hoffe, dass wir auch digital alle gestärkt aus der Krise kommen" – https://www.spiegel.de/politik/deutschland/dorothee-baer-ich-hoffe-dass-wir-alle-aus-der-krise-auch-digital-gestaerkt-kommen-a-ed95eacf-3a93-4a06-8e23-1fd995305137

16 Die neue digitale Elite – https://www.spiegel.de/netzwelt/web/corona-krise-und-ihre-folgen-die-neue-digitale-elite-a-f704f9cb-b32a-48db-99ee-32c7d9b69827

17 Corona legt Deutschlands digitale Defizite schonungslos offen – https://www.handelsblatt.com/meinung/kommentare/kommentar-corona-legt-deutschlands-digitale-defizite-schonungslos-offen/25725782.html

18 UK gov announces ‚Future Fund', pledging £250M match funding for startups impacted by coronavirus – https://techcrunch.com/2020/04/19/uk-gov-announces-future-fund/

19 Mietenstopp wegen Coronavirus. So verteidigen sich Deichmann, Adidas und H&M – https://www.spiegel.de/wirtschaft/unternehmen/mieten-stopp-wegen-coronavirus-so-verteidigen-sich-deichmann-adidas-und-h-and-m-a-d0dd2ab2-4146-4679-ada1-8033c2b1ecd2

20 Ökonomie der Pandemie. Vom Shutdown zum Shitstorm – https://www.spiegel.de/wirtschaft/unternehmen/corona-krise-und-wirtschaft-vom-shutdown-zum-shitstorm-kolumne-a-f7d85e9c-0a8c-435e-9bfe-0825b1c04443

21 U.S. Airlines Spent 96% of Free Cash Flow on Buybacks – https://www.bloomberg.com/news/articles/2020-03-16/u-s-airlines-spent-96-of-free-cash-flow-on-buybacks-chart

22 Denmark Extends Business Aid to Increase Spending By $15 Billion – https://www.bloomberg.com/news/articles/2020-04-18/denmark-extends-business-aid-to-increase-spending-by-15-billion

23 The Second Phase of Unemployment Will Be Harsher – https://www.theatlantic.com/ideas/archive/2020/04/americas-compassion-for-the-unemployed-wont-last/610243/

24 IT'S TIME TO BUILD – https://a16z.com/2020/04/18/its-time-to-build/

25 Finland basic income trial left people ‚happier but jobless' – https://www.bbc.com/news/world-europe-47169549

26 Social Protection and Jobs Responses to COVID-19: A Real-Time Review of Country Measures – http://www.ugogentilini.net/wp-content/uploads/2020/03/Social-protection-responses-to-COVID19_March27.pdf

27 Canada backs $75bn coronavirus relief bill – https://www.bbc.com/news/world-us-canada-52022506

28 Bundesrat schnürt Hilfspaket über 32 Milliarden Franken – keine Ausgangssperre – https://www.aargauerzeitung.ch/schweiz/bundesrat-schnuert-hilfspaket-ueber-32-milliarden-franken-keine-ausgangssperre-137227121

29 Kampf gegen Corona: Größtes Hilfspaket in der Geschichte Deutschlands – https://www.bundesfinanzministerium.de/Content/DE/Standardartikel/Themen/Schlaglichter/Corona-Schutzschild/2020-03-13-Milliarden-Schutzschild-fuer-Deutschland.html

30 Francesca Bastagli, Jessica Hagen-Zanker, Luke Harman, Valentina Barca, Georgina Sturge and Tanja Schmidt, with Luca Pellerano; Cash transfers: what does the evidence say? A rigorous review of programme impact and of the role of design and implementation features; July 2016 – https://www.odi.org/sites/odi.org.uk/files/resource-documents/11316.pdf

31 How to Maximize the Impact of Cash Transfers, During and After COVID-19 – https://www.worldpoliticsreview.com/articles/28645/how-to-maximize-the-impact-of-cash-transfers-during-and-after-covid-19

32 Schuldirektorin Hula: „Ich mache mir keine Sorgen um den Stoff" – https://www.derstandard.at/story/2000116302165/schuldirektorin-hula-ich-mache-mir-keine-sorgen-um-den-stoff

33 Was wir jetzt über das Lernen lernen – https://www.spiegel.de/panorama/homeschooling-was-wir-jetzt-ueber-das-lernen-lernen-a-e627efd2-8157-4b80-9f5c-30ed2b2b9a13

34 Asian universities close gap on US schools in world rankings by increasing STEM funding – https://scienmag.com/asian-universities-close-gap-on-us-schools-in-world-rankings-by-increasing-stem-funding/

35 Österreich als EU-Testlabor für Corona-Apps – https://fm4.orf.at/stories/3001590/

36 Den Tracing-App-Entwicklern laufen die Partner weg – https://www.spiegel.de/netzwelt/apps/pepp-pt-in-corona-krise-den-tracing-app-entwicklern-laufen-die-partner-weg-a-017f50eb-c1e2-4097-8182-53708ca6db59

37 Bürgerrechte in der Coronakrise: Rendezvous mit dem Polizeistaat – https://www.spiegel.de/politik/deutschland/corona-krise-und-buergerrechte-rendezvous-mit-dem-polizeistaat-a-68611322-f4d4-453f-aba5-5ec5a49ae329

38 Coronakrise in Niedersachsen: 50 Prozent weniger Einbrüche – https://www.spiegel.de/panorama/gesellschaft/coronavirus-niedersachsen-registriert-50-prozent-weniger-einbrueche-a-c2baceb3-6ef2-4f40-8464-46198b2814af

39 https://www.bmdw.gv.at/

40 We aren't just stopping coronavirus. We're building a new world – https://thecorrespondent.com/385/we-arent-just-stopping-coronavirus-were-building-a-new-world/50968856015-625b9768

41 Videokonferenzen brauchen eigene Regeln – https://orf.at/stories/3160512/

42 https://v.qq.com/x/page/q3075s1i65j.html

43 Elevator in China uses holographic buttons amid coronavirus outbreak – https://www.abacusnews.com/china-tech-city/elevator-china-uses-holographic-buttons-amid-coronavirus-outbreak/article/3073964

44 Beggars are now accepting mobile payments because we don't carry loose change anymore – https://www.mirror.co.uk/tech/beggars-now-accepting-mobile-payments-11700364

45 The Cashless Society Has Arrived — Only It's in China – https://www.wsj.com/articles/chinas-mobile-payment-boom-changes-how-people-shop-borrow-even-panhandle-1515000570

46 No, coronavirus is not a good argument for quitting cash – https://www.technologyreview.com/s/615356/coronavirus-contaminated-cash-quarantine/

47 Schweden fast ohne Bargeld. Wenn das WC-Geld nur noch per App bezahlt wird – https://www.spiegel.de/wirtschaft/soziales/schweden-das-land-in-dem-das-bargeld-zunehmend-abgeschafft-wird-a-1231216.html

48 Autonomous vehicles could be crucial in responding to future pandemics – https://www.therobotreport.com/autonomous-vehicles-vital-role-solving-future-pandemics/

49 Neolix raises $29 million to mass-produce autonomous delivery shuttles – https://venturebeat.com/2020/03/11/neolix-raises-29-million-to-mass-produce-autonomous-delivery-shuttles/

50 Von Roboterhunden und Lieferfahrzeugen – https://derletztefuehrerscheinneuling.com/2019/01/10/von-roboterhunden-und-lieferfahrzeugen/

51 Starship Technologies is sending its autonomous robots to more cities as demand for contactless delivery rises – https://techcrunch.com/2020/04/09/starship-technologies-is-sending-its-autonomous-robots-to-more-cities-as-demand-for-contactless-delivery-rises/

52 China's Autonomous Delivery Vehicles Navigate the Coronavirus Outbreak –https://syncedreview.com/2020/03/21/chinas-autonomous-delivery-vehicles-navigate-the-coronavirus-outbreak/

53 US police launch ‚homeless outreach' drones during crisis – https://www.ft.com/content/610ec109-4082-4d18-b6bb-50c7c7febb28

54 https://www.knightscope.com/

55 Volunteers produce 3D-printed valves for life-saving coronavirus treatments – https://www.theverge.com/2020/3/17/21184308/coronavirus-italy-medical-3d-print-valves-treatments

56 Aalto University: A 3D model of a person coughing in an indoor environment – how an aerosol cloud travels in the air – https://youtu.be/WZSKoNGTR6Q

57 Micro droplets suspending in air – https://vimeo.com/402577241

58 Thermal AR glasses give screening for possible coronavirus a high-tech twist – https://www.digitaltrends.com/cool-tech/vuzix-m4000-temperature-checks/

59 Washington choir practice deemed ‚superspreading event' after 45 members diagnosed with coronavirus – https://www.washingtonexaminer.com/news/washington-choir-practice-deemed-superspreading-event-after-45-members-diagnosed-with-coronavirus

60 https://tricorder.xprize.org/prizes/tricorder

61 https://www.resilinc.com/

62 US hospitals join online platform to procure coronavirus equipment – https://www.ft.com/content/c606c05f-dc0c-4d13-bce1-067e44396d8c

63 https://www.dielebensmittelhelfer.at/

64 https://www.producthunt.com/

65 Amazon, Startups See Surge in Demand for Automation Tech Amid Pandemic – https://www.theinformation.com/articles/amazon-startups-see-surge-in-demand-for-automation-tech-amid-pandemic

66 The Role of AI in the Race for a Coronavirus Vaccine – https://www.informationweek.com/big-data/ai-machine-learning/the-role-of-ai-in-the-race-for-a-coronavirus-vaccine/a/d-id/1337278

67 How a New AI Translated Brain Activity to Speech With 97 Percent Accuracy – https://singularityhub.com/2020/04/06/how-a-new-ai-translated-brain-activity-to-speech-with-97-percent-accuracy/

68 Nur 6 Prozent der deutschen Unternehmen setzen Künstliche Intelligenz ein – https://www.netzoekonom.de/2020/04/02/nur-6-prozent-der-deutschen-unternehmen-setzen-kuenstliche-intelligenz-ein/

69 Uber says rides down by as much as 70% in cities hardest hit by coronavirus, looks at delivering meds – https://techcrunch.com/2020/03/19/uber-coronavirus-update/

70 DoorDash, Postmates, UberEats couriers work through a pandemic – https://www.usatoday.com/story/money/food/2020/03/17/coronavirus-doordash-postmates-couriers-keep-regular-rates/5060297002/

71 Im Silicon Valley hat der Überlebenskampf begonnen – https://www.wiwo.de/my/unternehmen/dienstleister/start-ups-in-der-coronakrise-im-silicon-valley-hat-der-ueberlebenskampf-begonnen/25749558.html

72 Autobauer setzen auf Direktvertrieb – https://www.handelsblatt.com/auto/nachrichten/coronakrise-autobauer-setzen-auf-direktvertrieb/25695878.html

73 Studie erwartet 29 Prozent weniger Verkäufe: Autobranche in „wahrscheinlich schwerster Krise überhaupt" – https://www.automobilwoche.de/article/20200407/NACHRICHTEN/304079970/studie-erwartet--prozent-weniger-verkaeufe-autobranche-in-wahrscheinlich-schwerster-krise-ueberhaupt

74 Nach der Corona-Zwangspause: Daimler wirft Produktion wieder an – https://www.n-tv.de/wirtschaft/Daimler-wirft-Produktion-wieder-an-article21702868.html

75 German Automakers' EV Pursuits In Jeopardy Due To Software Concerns – https://insideevs.com/features/407953/german-automakers-lack-ev-software-expertise/

76 https://www.wallstreet-online.de/nachricht/12384913-rekord-umweltbonus-boom-trotz-corona-nachfrage-e-autos-deutschland-decke

77 Tesla sales in China hit record high during the pandemic, represent 25% of country's EV sales – https://electrek.co/2020/04/09/tesla-sales-china-hit-record-high-pandemic-country-ev-sales/

78 Tesla soars on delivery numbers – company delivered 88,400 vehicles in Q1 – https://www.cnbc.com/2020/04/02/tesla-tsla-1q-2020-production-and-delivery-numbers.html

79 Probleme mit ID.3: VW muss den E-Golf weiterhin bauen – https://futurezone.at/produkte/probleme-mit-id3-vw-muss-den-e-golf-weiterhin-bauen/400807730

80 Coronavirus lockdown has changed some people's EV attitudes – https://uk.motor1.com/news/408466/coronavirus-lockdown-changed-ev-attitudes/

81 Coronavirus: 5.000 Erntehelfer fehlen, Versorgung gefährdet – https://kurier.at/chronik/oesterreich/erntehelfer-fehlen-versorgungssicherheit-gefaehrdet/400786721

82 Airbnb's Coronavirus Crisis: Burning Cash, Angry Hosts and an Uncertain Future – https://www.wsj.com/articles/airbnbs-coronavirus-crisis-burning-cash-angry-hosts-and-an-uncertain-future-11586365860

83 Der Kranich am Boden – https://www.own360.app/at/blog/der-kranich-am-boden/

84 https://twitter.com/Bummsinchen99/status/1241041041823862784

85 This bathroom cleaning robot is trained in VR to clean up after you – https://techcrunch.com/2020/03/04/this-bathroom-cleaning-robot-is-trained-in-vr-to-clean-up-after-you/

86 How China, the US, and Europe are using robots to replace and help humans fight coronavirus by delivering groceries, sanitizing hospitals, and monitoring patients – https://www.businessinsider.com/robots-fighting-coronavirus-in-china-us-and-europe-2020-3

87 https://shop.shinebathroom.com/

88 Bekommen unsere Supermärkte jetzt ein Ampelsystem? – https://www.leadersnet.at/news/42962,bekommen-unsere-supermaerkte-jetzt-ein-ampelsystem.html

89 TÜV Nord öffnet Sofortgutachten für Autohäuser – https://www.kfz-betrieb.vogel.de/tuev-nord-oeffnet-sofortgutachten-fuer-autohaeuser-a-920020/

90 Another Way to See the Recession: Power Usage Is Way Down – https://www.nytimes.com/interactive/2020/04/08/upshot/electricity-usage-predict-coronavirus-recession.html

91 U.S. Oil Prices Plunge Into Negative Territory: Live Markets Updates – https://www.nytimes.com/2020/04/20/business/stock-market-live-trading-coronavirus.html

92 https://www.nytimes.com/2021/02/02/business/energy-environment/exxon-mobil-bp-2020-loss.html

93 Where Have All the Heart Attacks Gone? – https://www.nytimes.com/2020/04/06/well/live/coronavirus-doctors-hospitals-emergency-care-heart-attack-stroke.html

94 Corona legt Deutschlands digitale Defizite schonungslos offen – https://www.handelsblatt.com/meinung/kommentare/kommentar-corona-legt-deutschlands-digitale-defizite-schonungslos-offen/25725782.html

95 Their Grandmother Left by Ambulance. Then They Could Not Find Her. – https://www.nytimes.com/2020/04/07/nyregion/jamaica-hospital-queens-maria-correa-coronavirus.html

96 Autonomous vehicles could be crucial in responding to future pandemics – https://www.therobotreport.com/autonomous-vehicles-vital-role-solving-future-pandemics/

97 https://www.teleclinic.com/

98 https://drd.at/

99 SHOP APOTHEKE: Nachfrageboom nach Medikamenten – http://www.aktiencheck.de/exklusiv/Ausland-SHOP_APOTHEKE_Nachfrageboom_Medikamenten_Aktienanalyse-11160436

100 https://twitter.com/justindross/status/1242175152961368064

101 Unlikely Model in H.I.V. Efforts: Sex Film Industry – https://www.nytimes.com/2012/11/06/health/unlikely-model-for-hiv-prevention-porn-industry.html

102 Aufregung um Tumor-OP von Kabarettist Lukas Resetarits – https://kurier.at/stars/austropromis/aufregung-um-tumor-op-von-kabarettist-lukas-resetarits/400786592

103 Spanish Military Finds Dead Bodies And Seniors ‚Completely Abandoned' In Care Homes – https://www.npr.org/sections/coronavirus-live-updates/2020/03/24/820711855/spanish-military-finds-dead-bodies-and-seniors-completely-abandoned-in-care-home

104 After Anonymous Tip, 17 Bodies Found at Nursing Home Hit by Virus – https://www.nytimes.com/2020/04/15/nyregion/coronavirus-nj-andover-nursing-home-deaths.html

105 Die polnische Pflegerin kann nicht mehr kommen – und jetzt? – https://www.spiegel.de/familie/corona-krise-und-haeusliche-pflege-grazyna-und-die-luecke-die-sie-hinterlaesst-a-7b4ab310-f9a8-498e-95ac-e68ed11a83d7

106 The Coronavirus in America: The Year Ahead – https://www.nytimes.com/2020/04/18/health/coronavirus-america-future.html

107 Italien will Bürger psychologisch testen – https://orf.at/stories/3162577/

108 483.000 Unique User: Reichweitenrekord für den brutkasten im März – neue Themenseiten gelauncht – https://www.derbrutkasten.com/brutkasten-unique-user-owa/

109 The Virus Changed the Way We Internet – https://www.nytimes.com/interactive/2020/04/07/technology/coronavirus-internet-use.html

110 https://www.linkedin.com/posts/lennarz_podcast-traffic-einbruch-um-50-es-activity-6649610180025688064-Wn_p/

111 https://www.facebook.com/formanek.niko

112 https://de.wikipedia.org/wiki/E-Sport

113 Yelp lays off 1000 employees and furloughs 1100 more – https://techcrunch.com/2020/04/09/yelp-lays-off-1000-employees-and-furloughs-1100-more/

114 https://suepermarkt.at

115 https://www.etsy.com/

116 Autokino-Betreiber über seinen Corona-Erfolg: „Wir könnten auch Dick und Doof zeigen" – https://www.spiegel.de/panorama/autokino-in-essen-bleibt-trotz-corona-krise-geoeffnet-koennten-auch-dick-und-doof-zeigen-a-ad7ab52a-c1e2-4737-af10-1cad5ae004ab

117 India Savors a Rare Upside to Coronavirus: Clean Air – https://www.nytimes.com/2020/04/08/world/asia/india-pollution-coronavirus.html

118 Wettervorhersage? Nicht mit Corona! – https://www.own360.app/at/blog/wettervorhersage-nicht-mit-corona/

119 These charts show how coronavirus has ‚quieted' the world – https://www.nationalgeographic.com/science/2020/04/coronavirus-is-quieting-the-world-seismic-data-shows/

120 Keine Denkverbote: Das 8-Punkte-Rettungsprogramm für unsere Autoindustrie – https://www.focus.de/auto/experten/haberland/co2-steuer-weg-strompreise-und-mehrwertsteuer-runter-keine-denkverbote-das-8-punkte-rettungsprogramm-fuer-unsere-autoindustrie_id_11859953.html

121 Oakland Paves Way for Open Streets – https://sf.streetsblog.org/2020/04/20/oakland-paves-way-for-open-streets/

122 Ein Big-Data-Startup hat Verkehrsdaten ausgewertet — das Fahrrad ist demnach der große Gewinner der Corona-Krise – https://www.businessinsider.de/wirtschaft/mobility/ein-big-data-startup-hat-verkehrsdaten-ausgewertet-das-fahrrad-ist-demnach-der-grosse-gewinner-der-corona-krise/

123 Milan announces ambitious scheme to reduce car use after lockdown – https://www.theguardian.com/world/2020/apr/21/milan-seeks-to-prevent-post-crisis-return-of-traffic-pollution

Bildnachweis

Abb. 1 © RILEY D. CHAMPINE, NG STAFF. Markel H, Lipman HB, Navarro JA, et al. Nonpharmaceutical Interventions Implemented by US Cities During the 1918-1919 Influenza Pandemic. JAMA.

Abb. 2 © Mario Herger, Foresight Mindset

Abb. 3 © Mario Herger, Foresight Mindset

Abb. 4 © Mario Herger, Foresight Mindset

Abb. 5 © Mario Herger, Foresight Mindset

Abb. 6 © Mario Herger, Foresight Mindset

Abb. 7 Legende

Abb. 8 © Mario Herger

Abb. 9 Privat

Abb. 10 © Mario Herger

Abb. 11 © Anhui Easpeed Technology Co., Ltd

Abb. 12 © Wall Street Journal

Abb. 13 © Privat & Nihal Kutlu

Abb. 14 © Mario Herger

Abb. 15 © Neolix

Abb. 16 © B. Blocken, F. Malizia, T. van Druenen, T. Marchal: Towards aerodynamically equivalent COVID19 1.5 m social distancing for walking and running - http://www.urbanphysics.net/Social%20Distancing%20v20_White_Paper.pdf

Abb. 17   © Mario Herger
Abb. 18   © Airbnb Newsletter 2020
Abb. 19   © Mario Herger
Abb. 20   China OUT (Photo by STR/AFP)
Abb. 21   © Mario Herger
Abb. 22   © Mario Herger
Abb. 23   © Mario Herger
Abb. 24   © Mario Herger
Abb. 25   European Network of Transmission System Operators for Electricity

Autor & Literatur

Dr. Mario Herger

Ich lebe seit 2001 im Silicon Valley, forsche über Technologietrends, schreibe Bücher dazu, halte Vorträge und Workshops und berate Unternehmen zu Themen wie Innovation, Silicon-Valley-Mindset, Foresight-Mindset, Automotive, künstliche Intelligenz, Kreativität oder Intrapreneurship. Für viele Jahre war ich bei SAP unter anderem als Entwicklungsleiter und Innovationsstratege beschäftigt.

Nun helfe ich Unternehmen, wie sie den innovativen und entrepreneurischen Spirit aus dem Silicon Valley auf ihre Organisationen übertragen können, um innovativer zu werden und Trends und Tipping Points frühzeitig zu erkennen und mitzubestimmen.

Darüber hinaus befasse ich mich mit Signalen zu aufkommenden Technologietrends und untersuche, wie sie die Gesellschaft, Politik und die Beschäftigungssituation beeinflussen.

Ich empfange immer wieder Delegationen aus Europa im Silicon Valley und bringe sie in Kontakt mit den Leuten und Unternehmen vor Ort.

Websites

- http://www.enterprisegarage.io
- http://www.foresightmindset.com
- https://futureangst.com
- http://www.dassiliconvalleymindset.com
- http://www.derletztefuehrerscheinneuling.com
- http://www.thelastdriverlicenseholder.com
- https://globalmelange.com

Bücher

Ich habe mehr als ein Dutzend Bücher zu den oben genannten Themen geschrieben sowie zahlreiche Artikel für Medien wie *TechCrunch, Forbes, Der Aktionär, d1g1tale Agenda* oder das *Wirtschaftsblatt* verfasst. Meine letzten Buchveröffentlichungen:

„The Last Driver's License Holder Has Already Been Born" (Englisch)
– Oktober 2019

„Foresight Mindset:
Die Kunst und Wissenschaft, die Zukunft zu designen"
– April 2019

304 Seiten,
gebunden mit SU,
24,99 [D] / 25,70 [A]
ISBN: 978-3-86470-649-3

Dr. Mario Herger:
Wenn Affen von Affen lernen

Innovationsexperte Dr. Mario Herger verdeutlicht die vielfältigen Chancen und die positiven Auswirkungen von KI auf alle Aspekte des gesellschaftlichen und wirtschaftlichen Lebens. Spannende Gespräche mit KI-Vordenkern und KI-Praktikern aus dem Silicon Valley vermitteln dem Leser wertvolle neue Erkenntnisse und Mindsets. Ein unentbehrlicher KI-Ratgeber für Gegenwart und Zukunft!

512 Seiten,
gebunden mit SU,
24,99 [D] / 25,70 [A]
ISBN: 978-3-86470-538-0

Dr. Mario Herger:
Der letzte Führerscheinneuling

Feierabend. Bei Uber einen selbstfahrenden Tesla bestellt, der mich am Büro abholt, nach Hause bringt und davonfährt. Was bedeutet die Kombination aus autonomem Fahren, Elektromobilität und Sharing Economy für Taxifahrer und Lkw-Fahrer, Arbeiter bei VW und BMW, Betreiber von Parkhäusern? Wie sehen die Städte der Zukunft aus und welche Herausforderungen bringen sie mit sich? Silicon-Valley-Insider Dr. Mario Herger über eine der größten Umwälzungen seit der Dampfmaschine.

400 Seiten,
Taschenbuch,
12,90 [D] / 13,30 [A]
ISBN: 978-3-86470-683-7

Dr. Mario Herger:
Das Silicon-Valley-Mindset

Das Silicon Valley ist der Innovationsmotor schlechthin. Doch was macht diese Region zu etwas Besonderem? Dr. Mario Herger, der seit 2001 dort lebt und arbeitet, weiß: Die Innovationsmentalität aus dem Silicon Valley ist erlernbar. Anhand von Interviews und Schritt-für-Schritt-Anleitungen zeigt er, wie sie mit den eigenen Stärken kombiniert werden kann.